人生の選択を外さない

数理モデル思考のススメ

やさしい"数学のコトバ"が最強の味方になる

クオンツ、データサイエンティスト
多摩大学大学院客員教授
冨島佑允

アルク

は じ め に

　本書は、理系の人間の頭の中を覗き見るように書きました。理系と聞くと、数学が得意なイメージがあるかもしれません。しかし、世の中で活躍している理系人材は、単に勉強としての数学が得意なだけなのでしょうか？　仮にそれだけならば、学校を卒業してしまうとメリットが失われることになります。なぜなら、学校を卒業すれば、数学のテストを受ける必要もなくなるからです。

　では、数学について理解を深めることが、本質的には何のためになるのでしょうか？　一言でいえば、日常のいろいろな判断をしていくうえで、数学的思考が強力な武器になるのです。
　といっても、難しい計算は必要ありません。今の時代は、複雑な計算はコンピューターがやってくれます。ですから、具体的な計算技術ではなく、数学の「考え方」を身につけて、それを人生の意思決定に役立てることの方が大切です。

　数学的思考の要諦は「シンプル・イズ・ベスト」にあります。数学は、物事の枝葉を取り除いてシンプルに考えるためにとても便利なツールです。ごちゃごちゃした世の中の、本質ではない部分に惑わされないように、「敢えて」数学を使って考える癖をつけることが、これからを生きていくうえで大切になってきます。

　数学を使って、世の中をシンプルに考えるとはどういうことでしょうか。そこで登場するのが、「数理モデル」というキーワードです。数理モデルとは、世の中のさまざまな現象を、数学やデータ上の根拠に基づいてわかりやすく表したものです。
　私たちは日常生活でたくさんの情報に囲まれていますが、その

すべてを一度に理解するのは大変です。そこで、重要な要素だけを取り出して、それらの関係を簡単に表現するのが「数理モデル」です。これにより、私たちは複雑な問題をより簡単に理解し、解決することができます。

　数理モデルを通じて現実を見つめることで、私たちは深い洞察を得て、よりよい決断を下すことができます。本書では、数理モデルを使って、人生のいろいろな場面で役立つ考え方を紹介します。進路選択、就職活動、結婚、家計管理など、私たちが人生で直面する多様な問題が登場します。数理モデルは、こうした誰もが直面する問題を考えるうえで、新たな切り口を提供します。

　例えば、就職活動では「平均値」を使うことで、自分の将来の年収水準に見当をつけ、どの業界が自分にとって現実的な選択肢かを判断できます。「秘書問題」という数理モデルを応用すると、結婚相手を選ぶ際にどのような戦略を取るのが数学的に最良であるかがわかります。このように、数理モデルは私たちの日常生活のさまざまな場面で役立つのです。

　著者は京都大学・東京大学大学院で素粒子物理学を学び、大学院時代はジュネーブの欧州原子核研究機構（CERN）でデータ解析を担当していました。その後はデータサイエンティストとして金融機関に勤め、数理モデルを活用して資産運用を行ってきました。そう、株価の動きなども、数理モデルを使って表すことができます。一例を挙げると、日々のニュースが投資家の心理にどのような影響を与え、それが株価にどう影響するかを数理モデルによって表現し、そのモデルに基づいて株価の取引を行っています。

　私はこうした経験を通じて、数理モデルがどれほど強力なツールであり、いかに私たちの意思決定の助けとなるかを実感してき

ました。その驚きと実感を多くの方に伝えたくて、本書を書くことにしたのです。

　数理モデルを上手に使うためには、「現実をシンプルに見る勇気」を持つことが大切です。数理モデルは現実をそのまま再現するものではなく、重要な部分だけを取り出して考えるものです。そのシンプルさが、本質を見失わないための鍵となります。人間の心はバイアスを持つことがさまざまな研究でわかっています。つまり人間にとって、現実をシンプルに、ありのままに見ることは難しいタスクなのです。だからこそ、数学を使った明快な思考が強力な武器になります。

　数理モデルを使うことで、私たちは自分の置かれた状況をより客観的に見ることができ、感情に左右されずに冷静な判断ができるようになります。例えば、ビジネスの世界では、直感に頼ることが多いですが、数理モデルを用いることで、その直感が正しいかどうかを裏づけるデータを得ることができます。これにより、意思決定の精度が格段に上がります。

　数理モデルは、間違いなく今後ますます重要になっていきます。AIやビッグデータの進化により、世の中では以前にも増して、データドリブンかつ明快な説明が求められるようになっています。本書を通じて、数理モデルを使ってどう考え、判断していくかのエッセンスをつかみ、生活や仕事に役立てていただければ嬉しいです。そして、数理モデルを活用することで、よりよい人生を送るためのヒントを見つけていただけたらと思います。
　それでは、一緒に数理モデルの世界を探検しましょう。この本がみなさんの人生に少しでも役立つことを願っています。

目次

はじめに……………………………………………………3

第1章 進路選択・家計

疑似相関
見かけにだまされないための
統計リテラシー………………………………………12

統計学
「偏差値80」は何人に1人？……………………23

複利
1％の努力が1000倍の結果になる!?……………45

コラム01
私が数学を好きになったきっかけ❶：
粗大ごみ………………………………………………56

第2章 家族・結婚

利己的遺伝子仮説
なぜ嫁と姑は仲が悪いのか？……………………60

双子分析
どこまでが遺伝で、
どこまでが環境か？……………………77

大数の法則
不確実な世界を乗り越える数学の知恵…………89

コラム02
私が数学を好きになったきっかけ❷：
クラスメートの感謝の言葉……………………103

第3章 | 仕事・働き方

ヒューマン・キャピタル
人生でもっとも高価なものは「自分」！..........106

NPV法
未来を考えたお金の使い方を
していますか？..........120

顧客生涯価値（CLV）
「お客様は神様です」という発想は
このままでも大丈夫!?..........133

秘書問題
「選べる」ことは
嬉しいけれど、難しい!?..........141

コラム03
私が数学を好きになったきっかけ❸：
金融との出会い..........153

第4章 | 心の持ち方・人間関係

ゲーム理論
人間同士の「駆け引き」を
解き明かす数学理論……………………………158

プロスペクト理論
失敗を認められることの大切さ………………172

ネットワーク理論
効果的な人脈づくりに役立つ数学……………186

説明スタイル
マーティン・セリグマンの
「心の声に反論せよ！」………………………200

コラム04
フロネシスとエピステーメ……………………217

おわりに……………………………………………219

第 1 章

進路選択・家計

疑似相関
見かけにだまされないための
統計リテラシー

統計学
「偏差値80」は何人に1人？

複利
1％の努力が1000倍の
結果になる!?

コラム01
私が数学を好きになったきっかけ❶：
粗大ごみ

疑似相関
見かけにだまされないための
統計リテラシー

　最近は何でも数字のエビデンスを大事にしますが、数字にもトリックが隠れていることがあるので注意が必要です。データを素直に信じると、ときに思わぬ判断ミスをする可能性だってありえます。

　例えば、有名な例として「各国のチョコレート消費量とノーベル賞受賞数は比例している」ことを示すデータがあります。

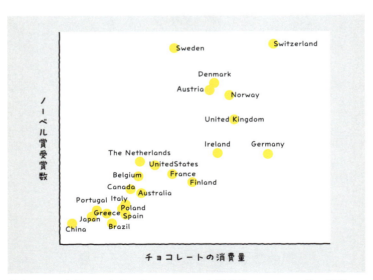

図表01　各国の1人当たりチョコレート消費量とノーベル賞の関係
出典：Chocolate Consumption Vs. Nobel Prizes（business insider.com）

このデータを見ると、「ノーベル賞を増やすためにはチョコレート消費を増やせばよい」という発想がわいてきます。日本の政治家が「日本発のノーベル賞を増やすために、チョコレート購入に助成金を出そう！」と主張したら、みなさんは賛成しますか？

　著者自身は、甘いものが大大大好きなので、チョコレートに助成金を出すという判断自体には魅力を感じます。しかし、この政治家はとんでもない勘違いをしています。「相関関係」と「因果関係」を混同してしまっているのです。チョコレート消費量とノーベル賞の数が比例しているからといって、「チョコレート消費量を増やせばノーベル賞が増える」という因果関係があるとは限らないのです。

▶ データの裏にあるもの

　種明かしをしましょう。よく見たら、グラフの右上には欧州の先進国が並んでいますね。1人当たりの収入が多くて豊かな国々です。つまり、このデータの裏には **「国の豊かさ」という第3の変数** が隠れています。国民が豊かであるほど、チョコレートを食べるだけの余裕が持てます。また、国民が豊かであるほど、教育に時間やお金をかけられるので、それだけノーベル賞を含めた学術的な成果も出やすくなります。

　このように、注目している2つの変数の両方に裏から影響を与えている隠れた変数のことを交絡変数ともいいます。交ぜて絡め

る変数ということですね。

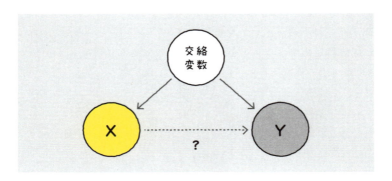

　別の興味深い事例として、アメリカの統計では「ベッドのシーツに絡まったことが原因で亡くなった人の数」と「1人当たりチーズ消費量」が相関関係にあるというデータがあります（**図表02**）。

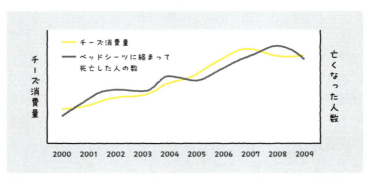

図表02　ベッドのシーツに絡まって亡くなった人数とチーズ消費量の関係

出典：Spurious Correlations (tylervigen.com)

　もちろん、このデータから「チーズを食べるとベッドのシーツに絡まって死ぬ！」と結論づけるのは早とちりです。このデータ

の裏には、交絡変数として「アメリカの経済成長に伴う肥満の増加」が潜んでいます。つまり、「人々の収入が増える」→「チーズをよりたくさん買えるようになる」→「太りすぎの人が増える」→「太りすぎの人がベッドのシーツに絡まって亡くなる事例が増える」ということです。

　一方が高いときに他方が低くなるなど、２つのデータの動きに関連性がみられる場合、統計学では「相関がある」といいます。統計学で相関が注目される理由は、それが因果関係を表している可能性があるからです。

　例えば、お酒を飲む量と肝障害の発生率に相関があると、それは「お酒をたくさん飲む」→「肝障害を発症しやすくなる」という因果関係を示唆している可能性があります。このように、**相関は何かの関係性を見つけるための重要なシグナル**なのです。

　けれども、「相関関係」と「因果関係」はあくまで別物です。そのことは、先ほどの「“チョコレート”と“ノーベル賞”」や「“チーズ”と“シーツに絡まって死ぬこと”」の話でおわかりかと思います。これらの例のように、因果関係がないのに相関が生じてしまうケースを「疑似相関」といいます。

▶ データを操作することでわかることもある

　元のデータには疑似相関がなかったのに、データに操作を加えることで疑似相関が生じることもあります。

　例として、（架空の）受験データを用意しました（**図表０３**）。この図表は、1000人の受験生の受験結果を表したものです。横軸が国語の点数、縦軸が数学の点数を表しています。そして、グ

ラフ上の丸は、それぞれの受験生の点数を表しています。

例えば、ある丸の位置が横軸：65、縦軸：52だとしたら、その受験生は国語が65点、数学が52点だったということです。

このように、2つのデータのうちの片方を横軸上の値、もう一方を縦軸上の値として点を打つことで、2つのデータを平面上で同時に見られるようにした図のことを散布図といいます。点が散らばっている（散布されている）ように見えることから、このように呼ばれます。

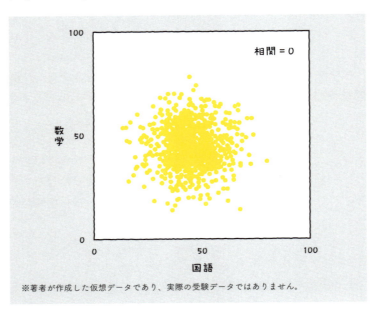

※著者が作成した仮想データであり、実際の受験データではありません。

図表03　入試の受験生1000人の国語と数学の点数

この入試において、合格ラインを仮に100点としましょう。つまり、国語と数学の点数を足した総合点が100点以上の場合に合格ということにします（**図表04**）。

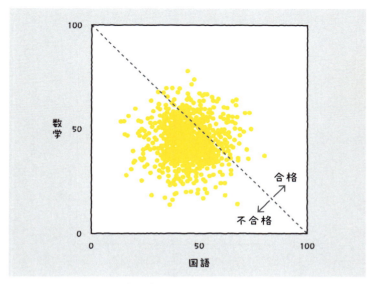

図表04　合格ライン（点線）を書き込んだ散布図

　ここで、図表04から不合格者の点を消し、合格者だけを残してみます（図表05）。つまり、合格ライン（点線）よりも右上にある点だけを残したということです。これで、合格者のみの散布図ができました。

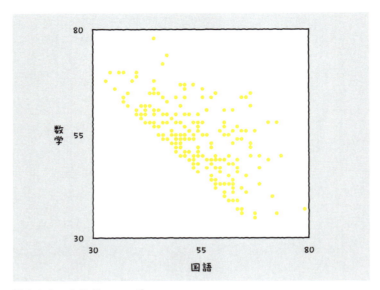

図表０５　合格者のみのグラフ

　図表０３（受験生全体）と０５（合格者のみ）を比べてみると、どんな違いがあるでしょうか？　わかりやすいように、両者を並べてみましょう（**図表０６**）。

　受験者全体の分布は丸っこい形をしていて、数学と国語の点数に特段の関連はないように思えます。一方で、合格者のみの分布は、なんとなく右下がりに見えませんか？　つまり、「国語の点数が高い人は数学の点数が低い（逆もしかり）」ように見えます。これは、日本人が持つ文系・理系の典型的なイメージとばっちり一致しています。そう、文科系科目が得意な人は理系科目が苦手（逆もしかり）というイメージです。

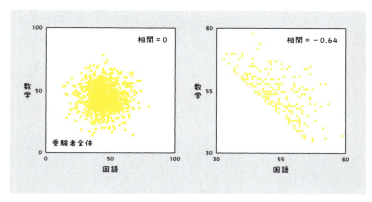

図表06　受験者全体と合格者のみのグラフ

　受験者全体（**図表06左図**）を見ると、国語と数学の点数に相関はなさそうですが、合格者のみの分布（**図表06右図**）をみると、国語と数学の点数に相関がありそうです。

▶ 国語の点数が高ければ、数学は？

　この話をもう少し正確に理解するために、統計学の知識に触れます。統計学では、このような2つのデータの関係性を「相関」と呼ばれる指標で表すことができます。

　相関は、-1から1までの値で表されます。例えば、「国語の点数が高い受験者は数学の点数も高い」というように、2つのデータの動きの方向が同じ傾向にあれば、相関は1に近くなります。
　逆に、「国語の点数が高い受験者は数学の点数が低い」というように、2つのデータの動きがあべこべになる傾向があれば、相関は-1に近くなります。そして、2つのデータの動きに関係性が見られないときは、相関は0になります。

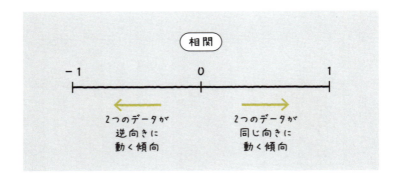

　今回のデータで相関を計算してみると、受験生全体では相関はほぼ０ですが、合格者だけの相関は－0.64になっています（具体的な計算式は専門的になるので、ここでは省略します）。

　実はこれも、疑似相関の一例です。もともとの受験生全体のデータでは、国語の点数と数学の点数の相関は０でした。しかし、合格者だけを選び出すという操作をデータに対して行ったことで、疑似相関が生じたのです。なぜかということを、統計学の専門知識を使わずに説明してみます。

▶ データにゆがみが生じることがある

　まず、受験生全体を国語と数学それぞれの点数が高いか低いかによって、次の４グループに分けます。

① 「国語：低　数学：低」
② 「国語：高　数学：低」
③ 「国語：低　数学：高」
④ 「国語：高　数学：高」

総合点が100点未満（合格ライン未達）の受験生を不合格者として除く操作をデータに対して行うと、①「国語：低　数学：低」に属していた受験生はごっそり除かれることになります。

　残る大部分は②〜④に属しているわけですが、国語と数学の両方で高得点を取れる受験生（④）はそもそも少数なので、実質的に大部分は②と③になります。

　つまり、もともとの受験生全体のデータでは①〜④がいたものの、合格者のみを残すという操作によって②と③が圧倒的多数になり、「国語の点数が高い人は数学の点数が低い（数学の点数が高い人は国語の点数が低い）」ように見えた（疑似相関が生じた）というわけです。

　このように、ある基準でデータを選別することでデータにゆがみが生じる（今回の場合は②と③が大部分になる）ことを、**選択バイアス**といいます。

　「ベッドのシーツに絡まって死なないように、チーズは控えよう」と思う人はほとんどいないでしょう。しかし、「自分は文系だから数学は苦手」とか、「理系だから文学にはあまり興味がない」などと、【文系】【理系】という枠組みに自分の思考がとらわれている人は意外と多いかもしれません。そんな人は、疑似相関の話を思い出してみるとどうでしょう？　もしかして、文系・理系のテンプレイメージは、受験戦争によって生じた幻想（選択バイアス）なのかもしれません。もちろん、学生時代は進路選択でどちらかを選ばなければならないわけですが、選んだ「文系 or 理系」に人生や思考を縛られすぎないようにしたいものです。

「疑似相関」からわかる人生のヒント

☑ 広い視野を持つことが大切：

人の視野は狭い。自分が見えている変数がすべてではなく、背後に隠れた変数（交絡変数）があるかもしれないと謙虚になろう。視野を広く保ち、自分が気づいていない重要な要因がないかを考える癖をつけよう。

☑「常識」にとらわれすぎない：

「文系は数学が苦手、理系は国語が苦手」という世間の"常識"は、案外、根拠が薄いものかもしれない。理論物理学者アルベルト・アインシュタインも、「常識とは、18歳までに身につけた偏見のコレクションである」と言っている。常識を忘れ、子どものような純粋な心で世界を見てみよう。

☑ 数字を正しく解釈する教養も必要：

新聞や本、インターネットでは、いかにもそれらしいデータやグラフがあふれている。しかし、本当に「因果関係」があるのかどうかは、慎重な判断が必要だ。データに飛びつくのではなく、データを見るための「理系の教養」を身につけて、数字を正しく理解できるようになろう。

統計学

「偏差値80」は何人に1人？

　社会人のみなさんは、どんな基準で自分の職業を選びましたか？　学生の方は、どんな基準で選ぼうとしていますか？　多くの人は、興味や働きがい、福利厚生や年収、企業の知名度、インターンや企業説明会に参加したときの印象などから就職先の候補を絞り、複数社に応募したのではないでしょうか。

　私も勤めている企業の採用担当として面接をすることがあります。面接でさまざまな経験を積んできた学生さんたちの話を聞くと、自分の人生観が広がる思いがします。

　世間ではしばしば、平均年収や知名度の高い大企業に人気が集中していることが問題視されます。もっとアットホームで活躍しやすい小規模な企業を目指すべきだという人もいます。しかし、多くの学生は、現実的な視点で日本経済や自分のキャリアを見ているようです。

▶ 平均値から上振れするのは簡単じゃない

　例えば、職業ごとの平均年収に関する本をよく見かけます。よく見かけるのは、そうした類いの本が売れるからに他なりません。

　そうした本を開いてみると、職種によって平均年収に大きな差があることがわかります。実際、統計的に見れば、多くの人は自分が選んだ職種の平均年収付近の年収で落ち着く可能性が高いでしょう。だからこそ、多くの人が職種ごとの年収の「平均値」を

重要な情報と考えているわけです。

　今回お話しするのは、平均値という概念がいかに重要な意味を持つかということです。平均値という言葉は統計学の専門用語ですが、世間で広く知られています。数学の専門用語のなかで、これほど認知度が高い言葉は他にないかもしれません。

　平均値は、その名の通り、集団の中の平均的な水準を表すものです。つまり、平均より高い人もいれば低い人もいるわけで、平均値自体は、あくまで参考程度でしかありません。

　しかし、多くの場合、平均値から大きく離れた結果を出すのは難しいのも事実です。平均値から大きく離れたよい結果を出すには、周囲とは比べものにならない努力をするか、生まれ持った才能が味方するか、非常に運がよいか……。いずれにせよ、自分自身を集団から飛び出させるだけの強い要因が必要になります。

▶ 平均値において「ばらつき」が重要なワケ

　テストの点数や年収などあらゆる物ごとは、人によって結果がかなりばらつきます。

　結果のばらつきは、統計学において重要な概念の1つであり、ある現象やデータがどの程度ばらついているかを定量的に示すことで、客観的な議論を行うことができます。

　みなさんが成績や結果を評価する際にも、ばらつきを理解しておくことが重要です。なぜなら、結果がどのようにばらついているかを知ることで、平均よりも上の結果を出している人たちがど

れだけ「すごい」かがわかるからです。

　例えば、学校におけるテストの成績で考えてみましょう。**図表07**の左側と右側は、どちらも平均点が50点です。しかし、点数の分布に違いがあるので、そこから学生の状況について何か洞察が得られるかもしれません。ちょっと見てみましょう。

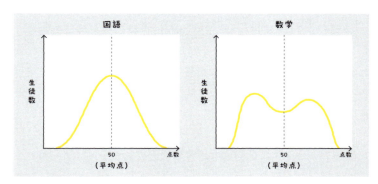

図表07　国語と数学のテストの成績

　図表07の左側は国語のテストで、平均値である50点を中心に左右対称に近い山形の分布をしています。
　一方、右側は数学のテストで、同じく平均点は50点ですが、低得点と高得点のエリアに山ができています。ここから、テストを受けた学生の状況が想像できます。

　数学では学生の二極化が進んでいそうです。一部の学生が授業についていけなくなっているのかもしれません。数学は、前のステップを理解しないと次のステップで学ぶ内容が理解できなくなる「積み上げ型」の科目なので、低得点の学生は補習などに呼んで、前のステップの理解度を丁寧に確認した方がよさそうです。
　このように、「平均値」が同じであっても、「ばらつき」を見る

といろいろなことがわかってきます。

▶ 数字が持つ説得力

データの平均値やばらつきを理解することは、多くの分野で重要です。

例えば、株式投資において投資家は利益が高水準かつ安定している企業に好んで投資します。つまり、利益の平均値が高く、かつ「ばらつき（＝損益のブレ）」が少ない企業の株を買いたがるということです。企業側もそれがわかっているので、IR説明会（Investor Relations 説明会：企業が投資家向けに開催する決算説明会）では、自社の年度ごとの利益の推移を見せて、いかに高水準かつブレが少ないかをアピールします。

このように、大人は何事も数字で判断しますから、データから洞察を得たいときには「平均値」と「分布」を見てみることが重要なとっかかりになることが多いのです。こうした「データ駆動のアプローチ」ができると自分の主張の説得力が増すので、仕事や人生の意思決定にもぜひ活用してみてください。

▶ 平均値と中央値はどちらを見るべき？

世間では「平均点」「平均年収」「平均転職回数」「平均初婚年齢」など、いたるところに平均値があふれています。平均値がとてもわかりやすい指標だからこそ、これだけ広まっているのでしょう。

ただし、実は平均値だけを見ていると誤解してしまう場合もあるため、注意が必要です。というのも、平均値は「平均的な水準」を表す指標のはずですが、データの内容によっては、平

均値が「平均的な水準」を必ずしも表さない場合もあるからです。

そうした場合は、平均値ではなく「中央値」と呼ばれる値が使われることもあります。言葉だけではわかりづらいので、具体例を見てみましょう。

「ある仲良し５人組は、それぞれ現役バリバリのビジネスパーソンで、５人の年収の平均値は2400万円です。」

こう聞くと、かなり高年収なビジネスパーソンたちを思い浮かべることでしょう。それでは、５人の年収のデータ（図表０８）を見てみましょう。５人の年収分布の特徴を知るために、平均値と中央値を右側に表示しています。

浅田	馬場	千葉	堂本	江口	平均値	中央値
300万円	400万円	500万円	800万円	1億円	2400万円	500万円

図表０８　５人の年収データ

　５人のうち江口さんだけが飛びぬけて年収が高い状況です。そのため、江口さん１人が全体の年収平均を押し上げています。みなさんは、この５人の年収レベルを表す数字として「2400万円」が適切に思えるでしょうか。

　年収2400万円は、ビジネスパーソンの中ではかなり成功している部類になります。しかし実際のデータを見てみると、５人中４人は年収が数百万円台です。つまり、この場合は江口さんが特別なのであり、そのまま平均値を計算してしまうと、誤解を招く結果になるということです。

第1章

進路選択・家計

江口さんの年収のように、データには極端な値が混ざっていることがあります。こうした極端な値のことを「外れ値」といいます。残念ながら、平均値は外れ値の影響を受けやすいという欠点があります。

> 外れ値＝他のデータと比べて、極端に大きい or 小さい値

　外れ値の影響は、日々のニュースを理解するうえでも気をつけるべきことです。例えば、ニュースでは国ごとの平均年収を話題にすることがありますが、同時に格差もセットで議論することが重要です。

　なぜかというと、平均年収が上昇していても、平均的な国民が豊かになっているとは限らないからです。

　例えば、中所得層は豊かになっていない場合でも、ごく一部の富裕層がさらに豊かになることで全体の平均値を押し上げている可能性があります。だからこそ、格差の議論とセットで行わなければ真実は見えてこないのです。

▶ 中央値はどうやって出すの？

　中央値とは、データを大きさ順に並べたときに中央に位置する値のことです。データの件数が奇数個の場合は、中央値は並べたときに中央にくる値そのものです。

　例えば、先ほどの5人の年収データでいうと、小さい順に並べて3番目に位置するデータ、すなわち千葉さんの500万円が中央値になります。

　件数が偶数個の場合は、中央にある2つの値の平均値を中央値

とします。例えば、データの件数が10個の場合は、小さい順に並べて5番目と6番目にくる値の平均値が中央値となります。

中央値は、データセット（データの集合）の中央に位置する値を直接示すため、データの極端な値（外れ値）の影響を受けにくいというメリットがあります。こうした、ある種の変化に影響を受けにくい性質を、統計学の専門用語で「ロバストである」と表現することがあります。例えば、「中央値は外れ値に対してロバストである」ということです。

以上のように、平均値と中央値は、それぞれ異なる特性を持っています。そのため、状況によって使い分けることが大切です。

仮に、ある国の「国民年収の平均値が上昇している」にも関わらず、「中央値は減少し続けている」としましょう。

この場合、中央値が中流階級の所得レベルを表すと解釈すれば、「中央値の減少」はその国における「中流階級の没落」を表しているのかもしれません。

そして、それでも「平均年収が上がっている」のは、「富裕層の収入がますます増えている」ことが想像されます。あるいは、「低所得者層の収入向上」が平均値の上昇に寄与している可能性もあります。

このように、平均値だけではなく中央値も見ることで、いろいろなことがわかってきます。

ここまでの話で、平均値や中央値について、ある程度イメージがわいたのではないでしょうか。ここからは、さらに深くデータを読む秘訣をお伝えします。先述のように、データの「ばらつき

（散らばり）具合」に目を向けることも、平均値や中央値を知ることと同じくらいに重要なのです。

▶ いろいろなデータに使える正規分布

テストの点数や身長など、いろいろなデータを見てみると、共通した特徴があることに気づきます。それは、「平均値程度のデータがもっとも多く、平均値から離れるほどデータは少なくなる」というものです。

日本人男性の平均身長を例に考えてみましょう。日本人男性の平均身長は170cmくらいですが、街を歩いたときにすれ違う成人男性の大半は、身長が170cm±10cmくらいが多いと思います。そこから大きく離れた身長の人、例えば200cm超や140cm以下の人とはめったにすれ違いません。

このように、多くのデータは平均値付近がいちばん多く、そこから離れるにつれて少なくなっていくという特徴があります。

この、多くのデータに見られる共通した特徴を捉える便利な考え方として、「正規分布」があります。

正規分布とは、たくさんのデータが集まるときに見られるグラフの形のことです。図表09を見るとわかるように、正規分布は左右対称です。また、中央が高く、両側が徐々に低くなる「釣り鐘」の形をしています。テストの点数や身長など、私たちが普段見かけるデータの多くは正規分布の形をしています。

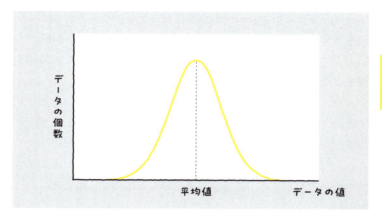

図表09　正規分布

▶ 正規分布の使われ方

　正規分布という言葉は、統計学の専門用語です。英語では「Normal Distribution」といいます。Normalは「標準の、正規の、普通の」、Distributionは「分布」を意味する単語で、直訳すれば「普通の分布」です。つまり、正規分布とはいろいろなデータに当てはめることができる普通のありふれた分布という意味になります。

　正規分布は**そのデータを理解し、データから知見を引き出すのに役立つ**ことから、多くの分野で使われています。もちろん、実際のデータの分布は完全に左右対称になることはまれで、滑らかな釣り鐘型をしているわけではないのですが、高い精度で実際のデータの分布を表すことができます。あるデータXの分布が正規分布で近似できる場合、「データXは正規分布に従う」などと表現します。

正規分布はたくさんの分野で役に立ちます。テストの点数に正規分布を当てはめれば、学力の指標である「偏差値」を計算することができます。株式市場における株価の変動率も、正規分布を使って表すことができます。

　また、科学実験や工業の世界では、いろいろなデータを測定しますが、その測定誤差も正規分布を当てはめて考えることができます。実際に多くの場合、ほとんどの測定誤差はそれほど大きくないのですが、たまに大きな誤差が出てしまうことがあります。これを分布で表すと、釣り鐘型の形になるのです。ちなみに、正規分布は、18世紀の数学者アブラーム・ド・モアブルが実験データの誤差を研究する過程で発見したとされています。

▶ 日本人男子の身長はどれくらいか

　では、実際のデータを使って考え方を学んでいきましょう。

　図表10は、日本全国の17歳の高校生男子の身長データです。横軸が身長、縦軸が全体に占める割合です。これを見ると、170

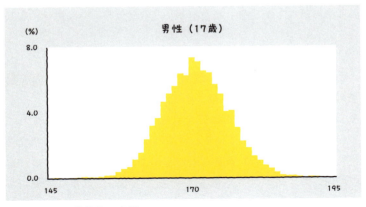

図表10　17歳男子の身長
出典：学校保健統計調査　令和元年度　全国表（文部科学省）のデータを用いて作成

cm付近の身長の人がもっとも多く、そこから±数センチほどの範囲に大部分の人が収まっていることがわかりますね。まずはデータの全体感がつかめました。

ただ、分布を見て「±数センチくらいに固まっているなあ……」とは目分量でわかるものの、それだけでは曖昧で客観性に欠けるので、誰にとっても明確な基準が欲しいところです。そこで、**「散らばり具合」を表す指標**を考えてみます。

データは平均値のまわりに散らばっていると考えることができますから、個々のデータが平均値からどれくらい離れているかを調べれば、それが散らばり具合を表しているといえそうです。

それでは、具体的な方法を見ていきましょう。**図表10**ではデータが多すぎてわかりづらいので、データが3つだけの**図表11**（36ページ）で説明します。まずはステップ1として、1人1人の身長データから平均値を引いた値を求めます。このように、個々のデータから平均値を引いた値のことを「残差」と呼びます。平均値を引いて、残った差分という意味です。

残差が0から離れた値であるほど、データが平均値から離れていることを意味します。例えば、残差が－1や＋1よりも、－10や＋10の方が、データが平均値からより離れています。なお、データと平均値が一致しているとき、残差は0になります。

残差は個々のデータの散らばり具合を表しますが、ここで私たちが知りたいのは分布全体の傾向です。言い換えれば、データが平均値のまわりに集中しているのか、それとも広い範囲に散らばっているのかが気になります。なぜなら、**全体の傾向を捉えることがデータを俯瞰的に見ることに繋がる**からです。

第1章 進路選択・家計

というわけで、データの散らばり具合が平均的に見て大きいか小さいかを調べる必要があります。単純に考えると、残差の平均値を計算すれば、それが分布全体の平均的な散らばり具合を表しているような気がします。

しかし、この方法ではうまくいきません。実際に**図表11**（36ページ）の③から残差の平均値を計算すると、答えは0になってしまいます（$(-5+1+4)÷3=0$）。

というのも、<mark>残差の総和は必ず0になる</mark>からです。あるデータが平均値より大きい場合は残差がプラス、小さい場合は残差がマイナスとなります。このプラスとマイナスは同じ分量だけ出てくるので、すべてを足すと打ち消し合って0になります。

つまり、平均値より大きいデータと小さいデータが等しいバランスで存在しているため、まさに平均値の定義からして、残差の総和は必ず0になるのです。

このようにプラスの残差とマイナスの残差によって残差の平均値が0になってしまうため、統計学ではシンプルな対策をします。それは、残差を2乗することで、すべてプラスの値にしてしまうのです。小学校で習ったように、「マイナス×マイナス」はプラスになるのでしたね。それを活用します。

▶ 標準偏差を出す考え方

残差を2乗してプラス値にすることで、足し合わせて0になることはありません。残差が大きいほど2乗した値も大きくなるので、データの散らばり具合を表す数字としても使えそうです。そこで、ステップ2として残差の2乗の平均値を計算してみることにします。

すると、14という値になります。統計学では、<mark>残差の2乗の平均値のことを「分散」</mark>と呼びます。データがどれだけ分散しているかを表す数値で、まさに文字通りの名前です。

　分散はデータの散らばり具合が大きいほど大きな値になるので、散らばり具合を表す指標としてよく使われます。ただし、2乗した値であることから大きな値になりがちで、逆にわかりづらくなる欠点もあります。

　そのため、ステップ3として分散の平方根を求めることにします（つまり、$\sqrt{分散}$を計算します）。2乗することで数字が大きくなったので、今度は平方根を取ることで規模感を元に戻すイメージです。このように計算した値、つまりは分散の平方根のことを「標準偏差」と呼びます。

　標準偏差の「偏差」とは、ここでは平均値からの偏り具合（どれだけ散らばっているか）を意味します。
　また、「標準」には目安という意味があります。つまり、<mark>標準偏差は「散らばり具合の目安」</mark>ということになります。

　図表11のデータでは、標準偏差は3.74（cm）になります。これは、データが平均値である171（cm）のまわりに概ね±3.74cmくらいの幅をもって散らばっているということです。
　この例はデータ件数が3つだけなのでありがたみがわかりづらいのですが、標準偏差の考え方を使えば、データ件数が1万件や、

さらにもっと多くの件数でも、決まった計算プロセスで散らばり具合を数値化でき、とても便利です。

【標準偏差の計算ステップ】
　ステップ１：残差（平均値との差）をデータごとに計算する。

	① 身長 （cm）	② 平均値 （cm）	③ 残差 ＝①－②
Aくん	166		－ 5
Bくん	172	171	＋ 1
Cくん	175		＋ 4

図表11　標準偏差の出し方

　ステップ２：分散（残差の2乗の平均値）を計算する。
$$((-5)^2+1^2+4^2)÷3=(25+1+16)÷3=14$$

　ステップ３：標準偏差（分散の平方根）を計算する。
$$\sqrt{14}=3.74\cdots\cdots$$

　以上のように、標準偏差はデータの散らばり具合を表す指標としてもっともよく使われます。データそのものは膨大な数字の羅列で人の頭に入りきれませんが、平均値、中央値、標準偏差といった指標に情報を圧縮することで、全体の傾向がパッと頭に入ってくるようになります。
　ちなみに、平均値、中央値、分散、標準偏差などのように、<mark>データ全体を特徴づける数値のことを「要約統計量」</mark>といいます。名前の通り、データ全体の状況を要約した数値のことです。

36

図表１１の17歳男子の身長データから平均値と標準偏差を計算してみると、平均値は170.6cm、標準偏差は5.9cmとなります。

▶「偏差値80」や「IQ 130」とは、どれくらいすごいのか？

こうした統計学の考え方は、人間の能力を評価するときにも使われるので、少々恐ろしいとも思います。ときには、こうした数値が人間の「序列」を判断することに使われる場面もないとはいえません。

例えば、学生にテストを受けさせたときの点数の分布は、正規分布に従うといわれています。つまり、平均点付近の学生がいちばん多く、平均点から離れるにつれて人数が少なくなっていき、点数が飛び抜けてよい学生やダントツに悪い学生は少数派だということです。そのことを利用して学生の学力を数値化したものが、学力偏差値です。いわゆる「偏差値」のことですね。

学力はテストの点数で測るのが一般的ですが、テストの難易度によって平均点が上下するので、点数そのものを学力の指標とするのは公平とはいえません。受けたテストがたまたま難しかったから点数が低かっただけなのに、それで学力が低いとみなされるのでは公平性に欠けるからです。

また、受験生によって点差が開きやすいかどうかも重要なポイントです。易しい問題ばかりでは点差はあまり開かないでしょうが、程よい難易度の問題が多ければ、学生によって解けたり解けなかったりして点差が開きやすくなります。ですので、例えば平均点より10点高い点数を取ったとして、それがどれくらいすごいことなのかは、問題の内容によりけりということです。

　テストの内容によらない公平な評価基準とするには、平均点や点数のばらつきを調整してあげる必要があります。そこで、学力偏差値を計算するときは、まず受験者全員の点数の「平均値（平均点）」と「標準偏差（散らばり具合の目安で、$\sqrt{分散}$のこと）」を計算します。そのうえで、平均点を取った学生の偏差値を50と置きます。そして、平均点より高い点数を取った学生については、標準偏差の分だけ点数が上がるごとに偏差値を10ずつ高くしていきます。

　一方、平均点より低い点数を取った学生については、標準偏差の分だけ点数が下がるごとに偏差値を10ずつ低くしていきます。

　具体例を挙げましょう。5教科100点ずつで計500点満点の全国模試の結果から、受験者の偏差値を計算します。

　模試の平均点は300点、点数の標準偏差は25点でした。この模試では、点数が300点の学生の偏差値が50になります。そして、平均点から点数が25点上がるごとに偏差値が10ずつ高くなります。325点なら偏差値60、350点なら偏差値70、375点なら偏差値80といった具合です。

　一方、平均点より点数が低い場合は、25点下がるごとに偏差値を10ずつ減らしていきます。275点なら偏差値40、250点なら偏差値30となります。このように定義すれば、受験者全体の中での相対的な学力を数値化できるわけです。

▶ 標準偏差で「レア度」がわかる

標準偏差を基準に考えると、そのデータがどれだけレアかがわかります。正規分布の場合では、「平均値±標準偏差」の範囲内に全データの68％が入ると決まっています。

例えば、先ほどの模試の例では平均点が300点、標準偏差が25点でしたが、この場合は275点〜325点（300の±25点）の間に68％の学生が入ります。つまり、受験者が1万人いたとすれば、およそ7000人弱はこの範囲の点数を取っていることになります。なぜ68％なのかについては数学的な理由があるのですが、専門的な話になるため詳細は割愛します。

以上をまとめると、概ねデータ全体の7割（正確には68％）が標準偏差の範囲内だということです。ちなみに、標準偏差の2倍、つまり「平均値±2×標準偏差」の範囲では、全データの95％をカバーします。そして、「平均値±3×標準偏差」では、全データの99.7％をカバーします。

偏差値で考えると、40〜60（50の±10）の人が全体の7割程度を占めるということです。では、偏差値80以上の人は、どれだけレアなのでしょうか？　平均点（偏差値50）よりも標準偏差の3倍分以上も点数が高い学生が偏差値80以上になります。

ここで、「平均値±3×標準偏差」の範囲に全データの99.7％が入るという話を思い出してください。その範囲をはみ出している人は全体の0.3％に過ぎません。正規分布は左右対称なので、うち半分の0.15％は「平均値−3×標準偏差」よりも点数が低い人たちです。残りの0.15％が、「平均値+3×標準偏差」よりも点数が高い人たちになります。つまり、偏差値80以上の学生は、受験者全体の0.15％しか存在しません。1000人中で1〜2を争う

学力レベルということです。

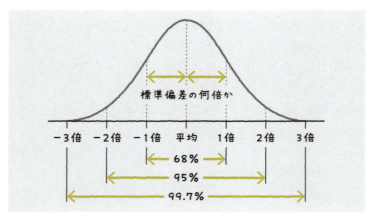

図表12　正規分布におけるデータのカバー率

　学生時代にいちばん悩まされた数字は何かと聞かれたら、多くの方が「偏差値」と答えるのではないでしょうか。学校や塾の進路指導でも参照されるので、人生に少なからぬ影響を与える魔性の数字です。

　学生時代は、偏差値の計算方法に深入りすることなく、そんなものだと思って受け入れていたかもしれませんが、実は、学力を公平に測るために統計学を駆使して入念に設計された評価指標だったのです。

　では試しに、次のケース１〜３を、偏差値が高い順に並べてみてください。

ケース１：平均60点、標準偏差10点のテストで90点を取った。
ケース２：平均80点、標準偏差10点のテストで90点を取った。

ケース３：平均60点、標準偏差15点のテストで90点を取った。

　直感的に、ケース２よりケース１の方が「すごい」というのはわかりやすいと思います。というのも、ケース１は、より平均点の低い（＝難易度の高い）テストで高得点を取っているからです。

　しかし、ケース３も含めて３つの「すごさ」を順位づけするとなると、なかなか判断が難しいのではないでしょうか。このような場合でも、偏差値を使えば明確に判別できます。

　ケース１は、平均点より30点高い点数を取っています。標準偏差が10点なので、これは標準偏差の３倍に相当します。偏差値の考え方を復習すると、平均点を取った受験者を偏差値50として、そこから標準偏差の分だけ点数が上がるごとに10が加算されるのでしたね。そのため、平均点よりも標準偏差の３倍分だけ高い点数を取っている今回の場合は、30が加算されて偏差値80になります。

　ケース２と３も同じ要領で考えていきましょう。ケース２では、平均点より10点高い点数を取っています。標準偏差が10点なので、これは標準偏差の１倍に相当します。そのため、偏差値は50に10が加算されて60となります。ケース３では、ケース１と同様に平均点より30点高い点数を取っていますが、標準偏差が15点なので、これは標準偏差の２倍に相当します。この場合、50に20が加算されて偏差値70になります。まとめると、以下の通りです。

ケース１：偏差値80
ケース２：偏差値60

ケース3：偏差値70

正解　ケース1、ケース3、ケース2の順に偏差値が高い。

　実は、知能を測るのによく使われる「IQ」も、偏差値と同じ考え方で計算されます。ただし、IQの場合は、IQテストで平均点を取った人をIQ100とみなします。

＜IQのルール＞
1　IQテストで平均点を取った受験者をIQ100とする。
2　点数が平均点から標準偏差1つ分離れるごとにIQを10だけ加算・減算する。

　つまり、IQ130の人は、平均値よりも標準偏差の3倍分だけ離れていることになるので、先ほどの偏差値80と同じレア度ということになります。1000人に1〜2人しかいない頭脳の持ち主といったところです。

▶ 統計学でウソを見破る

　統計学の知識を使うと、ウソを見破ることもできます。先ほど、身長は正規分布に従うという話をしました。そのことを踏まえて、**図表13**を見てください。これは、フランス軍の徴兵検査における身長のデータを表したものですが、身長157cmの前後が正規分布から大きく外れた形になっています。

　統計学の父ともいわれるアドルフ・ケトレーは、この分布を見て次のような考察を残しています。
　当時のフランス軍では、身長157cm以上であることを徴兵の

条件としていました。そのため、157cmより少しだけ背が高い若者の一部が徴兵逃れのために身長をごまかしたことで、157cmを少しだけ上回る人が実際より少なく、下回る人が実際より多く記録されたと考えられます。

このように、**不合格ラインのあたりで分布が異常になる**というのは、よく見られる話です。

例えば、大学の期末試験の点数分布では、合格ラインぎりぎりのあたりで正規分布から外れたピークが立つことがあります。これは、合格点にぎりぎり足りなくて単位を落とし留年するのはかわいそうだからと、教授が少しあまく点をつけるためだと考えられます。

このように、データを読む力のある人は、他の人が見落としていた真相にたどりつくことができるのです。

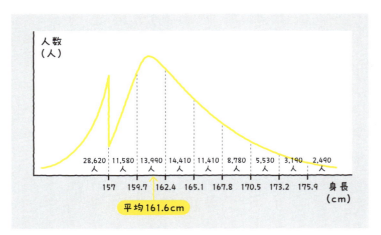

図表13 フランスの徴兵検査の際の身長分布
出典:『知の統計学2』(福井幸男著、共立出版株式会社)をもとに作成

「統計」からわかる人生のヒント

☑ 平均的なレベル感を知ることの重要性：

平均値や中央値は、データの中心を明確にする指標。例えば、職業を選ぶとき、平均年収を調べることで現実的な選択肢が浮かび上がる。統計を活用すれば、世間の言説に惑わされず、現実に基づいた判断が可能になる。

☑ ばらつきが示すのは多様性と自分だけの可能性：

標準偏差はデータのばらつきを示す指標であり、学力偏差値やIQなどの評価基準の土台となっている。標準偏差は、周囲との相対的な関係（自分と他人の差異）を見極める視点を提供してくれる。これを活用することで、自己理解を深め、的確な目標設定や人生戦略を立てることが可能になる。

☑ データの分布を読む目で真実を見抜く力を養おう：

データは、それを生み出した人間や社会の姿を映し出す鏡。例えば、フランスの徴兵検査の身長データには、徴兵逃れを目論む人々の抵抗が表れていた。数学テストの点数の分布からは、学生の課題が垣間見えた。このように、データに隠されたストーリーを読み取る力を養えば、物事の本質に迫り、自分自身や周囲を変える力を得ることができる。

複利

1％の努力が1000倍の結果になる!?

　「人生100年時代」といわれる時代が到来し、ますます多くの人々が長い老後をどのように豊かに過ごすかに関心を寄せています。豊かな老後を実現するためには、十分な資金が欠かせません。そのため、老後を支えるための資産をどのように築いていくかという話題が、今や注目されています。長期にわたる資産形成を考えるうえで、特に重要なキーワードが「複利」の概念です。

▶ 利息のつき方には2種類ある

　みなさんも、利息、金利、複利、単利という言葉をどこかで聞いたことがあるでしょう。まず、これらの関係から説明します。

　「利息」とは、お金の貸し借りにおいて、借りた人が貸した人へ支払う対価（お金のレンタル料）のことです。そして、借りている金額（元本）に対してどれだけの割合で利息が発生するかを表すのが「金利」です。例えば、100万円の借金に年間で1万円の利息を払っているとすれば、金利は年率1％ということになります。

　金利には大きく分けて2つの種類があります。単利と複利です。

「単利」は、元本に対してのみ利息がつくしくみです。例えば、100万円を年利5％で預けると、1年後には5万円の利息がつきます。翌年も同じく、元本の100万円に対して5％の利息がつくので、利息は5万円のままです。

一方、「複利」は、元本に対してだけではなく、それまでに得た利息にも利息がつくしくみです。再び100万円を年利5％で預ける例を考えてみましょう。1年後には5万円の利息がつき、資産は105万円になります。翌年は、この105万円に対して5％の利息がつくため、利息は5.25万円になります。このように、利息が利息を生むことで、資産が加速度的に増えていくのが複利です。

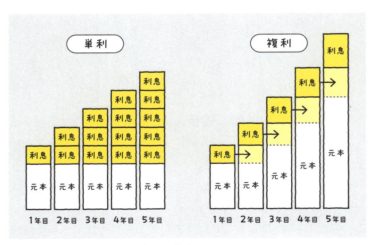

図表14　単利と複利の利息のつき方

▶ 単利と複利の計算方法

例として、3年間の利息を単利と複利で比較してみましょう。元本は100万円、利率は5％（年率）とします。

まずは単利からです。単利の場合、各年の利息は元本に対してのみ発生するので、

1年目の利息＝100万円×5％＝5万円
2年目の利息＝100万円×5％＝5万円
3年目の利息＝100万円×5％＝5万円

となります。
　利息の合計は、5万円＋5万円＋5万円＝15万円です。
　すなわち、元本が100万円、利息の合計が15万円なので、元本と利息を足し合わせると115万円となります。なお、元本と利息を足した合計のことを「元利合計」ともいいます。

　実は、もっと簡単に1行で計算する方法もあります。単利の場合、それぞれの年にもらえる利息の金額は変わらないので、3年間でもらえる利息は、1年間でもらえる利息の単純に3倍です。そこで1年目の利息（100万円×5％＝5万円）を年数倍（この場合は3倍）して足すことで、結果が出てきます。

元利合計＝元本＋利息＝100万円＋（100万円×5％）×3＝115万円

　次に、複利を計算してみます。複利の場合、各年の利息が元本に足されるので、元本自体が増えていきます。ですので、まず1年目の計算は次のようになります。

1年目の利息＝100万円×5％＝5万円
1年目の元利合計＝100万円＋5万円＝105万円

２年目は、１年目の元利合計である105万円が元本になります。そのため、計算は次のようになります。

２年目の利息＝105万円×５％＝5.25万円
２年目の元利合計＝105万円＋5.25万円＝110.25万円

　３年目は、２年目の元利合計である110.25万円が元本になるので、次のような計算になります。

３年目の利息＝110.25万円×５％＝5.51万円
３年目の元利合計＝110.25万円＋5.51万円＝115.76万円

　したがって、３年分の利息を足すと、５万円＋5.25万円＋5.51万円＝15.76万円になります。もともとの元本は100万円だったので、元利合計は115.76万円です。

　複利の場合も、１行で計算する方法があります。
　まず、1年目は元本の100万円に５％の利息がついて、元利合計は105万円になりました。ということは、１年間で元利合計は100万円から105万円へ1.05倍になります。同じく、２年目は元本の105万円に５％の利息が加わることで110.25万円になります。ここでも、元本の５％分の利息が入ってくることで元利合計が1.05倍になります。
　このように、複利は預けた年数分だけ「（１＋利率）」を元本に掛けることで結果を知ることができます。
　３年間の場合の計算は次のとおりです。

100万円×1.05×1.05×1.05＝115.76万円

　最後に、単利と複利の結果を比較してみましょう。
単利：3年間で15万円の利息、元利合計115万円
複利：3年間で15.76万円の利息、元利合計115.76万円

▶ **長い時間ほど、差は大きくなる**

　上記のように、3年間くらいでは単利と複利の結果はそれほど大きな差はありません。しかし、**単利と複利の差は時間がたつほど開いて**いきます。図表15は、その様子を示したものです。最初に100万円を預けたとして、黄色の線は複利5％で増えた場合、グレーの線は単利5％で増えた場合を表しています。

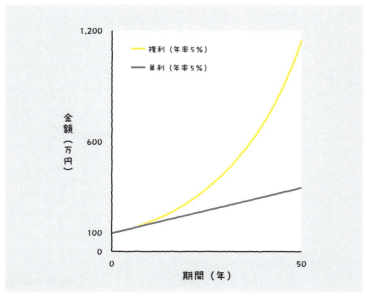

図表15　単利と複利の差

最初はそれほど大きな違いはありませんが、やがて差が急激に拡大していきます。利息が利息を生む効果は、時がたつほど大きくなっていくためです。

　それでは、複利の魅力や怖さとは一体何なのかを探っていきましょう。お金にまつわるこの話は、みなさんの生活にも大いに役立つと思います。

▶ 利息は大昔からあった

　現代では、「利息」は借りたお金の見返りに支払う金銭を指しますが、「利息」という概念自体は数千年も前の物々交換の時代からありました。紀元前3000年頃の古代シュメール文明の文書には、穀物や金属の貸付（ローン）が体系的に行われていたことが記されています。

　シュメールでは、利子という概念も既に確立されていました。『A History of Interest Rates（Sidney Homer and Richard Sylla）』という本によると、例えば銀の貸出の利率は年率20%だったそうです。つまり、1kgの銀を1年間借りるとすれば、1年後に1.2kgを返却しなければなりません（当時はkgという単位はありませんでしたが、イメージしやすいように現代の重さの単位で示しました）。
　一説によると、繁殖目的で動物や種子を貸し出すことから利子の考えが生まれたとされています。種子や動物が自ら繁殖することができるという論理が、利子という考え方に繋がっていったということです。

　このように、お金はまるで生きもののように**自分自身で増える自己増殖の力**があり、それが利息だということです。「お金

持ちは、ますますお金持ちになる」といわれることがありますが、お金持ちはお金をたくさん持っているので、お金の持つ自己増殖の力を最大限に利用でき、結果として、さらにお金持ちになっていくのです。

▶ ウォーレン・バフェットの成功の秘密は「複利」

お金持ちの代表格であり、世界的に有名な投資家のウォーレン・バフェットは、複利の力を最大限に活用して巨額の資産を築きました。バフェットは若い頃から投資を始め、その資産を長い時間をかけて複利で増やしていったのです。つまり、バフェットの成功の秘密は、**複利の力を理解し、それを長期的に利用した**ことにあります。

CNBC（アメリカのニュース専門放送局）によると、バフェットは「複利は投資家の最良の友である」といい、その威力を雪だるまに例えています。

小さな雪の玉を転がしていくと、どんどん大きくなっていきますよね。複利も同じで、最初は少しの利息でも、時間がたつにつれてそれが元本に加わり、さらに大きな利息を生むようになります。このような効果を「複利効果」といいます。

複利効果は、時間とともにお金を大きく増やすための強力なツールです。そのため、個人が資産を形成していくうえでは、複利効果を上手に使うことが重要です。複利効果を味方につけるうえで何より重要なのは、資産形成を早いうちに始めることです。

▶ クレジットカードの怖い話

お金は自己増殖の力を持つといいましたが、裏を返せば、借金

もお金なので自己増殖の力を持っています。具体的には、複利は
お金を増やすためだけでなく、借金が膨らむ原因にもなるので注
意が必要です。

　現代社会において、クレジットカードは便利な支払い手段とし
て広く利用されています。実は、その背後にも複利の話が潜んで
いるのをご存じでしょうか？　というのも、クレジットカードの
利用者はカード会社からお金を借りている状態になっているので、
利息をとられているからです。今回は、その中でも特に注意が必
要な「リボルビング払い（リボ払い）」について詳しくお話ししま
す。

　リボルビング払いとは、消費者金融、クレジットカード、銀行
カードローンの返済方法の１つで、「リボ払い」「リボ」とも略さ
れることがあります。
　このしくみは、毎月一定額を返済する方式で、一見すると毎月
の支払額が少なく、家計に優しいように見えます。しかし、この
しくみの真の姿を理解することが重要です。

　リボ払いの最大の問題は、==「逆複利の効果」が働く==ことです。
逆複利とは、元本だけでなく、それまでに発生した利息にも利息
がつくことで、借金がどんどん増えていく現象を指します。
　例えば、100万円を年利15%で借りた場合、1年後には15万円
の利息がつき、借金は115万円になります。翌年には、この115
万円に対してさらに利息がつくため、返済が長期化すると、もと
もと借りた額よりもはるかに多額を返済する羽目になるのです。

　リボ払いの怖さを理解するために、ある有名な言葉を紹介しま

しょう。

「複利は "世界で8番目の奇跡" だ。知っている人は複利で稼ぎ、知らない人は利息を払う」

これは、相対性理論の提唱者であるアルバート・アインシュタイン博士の言葉です。「世界で8番目の奇跡」とは、世界の七不思議（ギザの大ピラミッド、バビロンの空中庭園、エフェソスのアルテミス神殿、オリンピアのゼウス像、ハリカルナッソスのマウソロス霊廟、ロドス島の巨像、アレクサンドリアの大灯台）に匹敵する驚くべき奇跡、というような意味合いです。

アインシュタイン博士が指摘するように、複利の力を知っている人は資産を増やすことができる一方で、そのしくみを理解せずにいると、利息を払い続ける側にまわってしまいます。クレジットカードの残債がなかなか減らないと感じているなら、それはおそらく気のせいではありません。

▶ 複利の小話

いろいろと話しましたが、複利とはすなわち「塵も積もれば山となる」ということです。

ここで、複利の考えを使った数学の小話を紹介しましょう。この小話では、先ほど出てきた複利の計算が使われています。みなさんのお子さんや勤務先の部下や友人が、日々コツコツと努力すべきことを怠っているときに、この話をしてみるといいかもしれません。

ある人が、昨日よりも今日、今日よりも明日と、1日1％ずつの向上の工夫を続けていました。さて、1日1％ずつの向上を365日続けると、どうなるでしょうか？

$$\underbrace{1.01 \times 1.01 \times \cdot\cdot\cdot \times 1.01}_{365回} = 37.8$$

　逆に、昨日よりも今日、今日よりも明日と、１日１％ずつ楽をしていった人がいます。そうやって、１日で１％ずつの悪化を365日続けると、どうなるでしょうか？

$$\underbrace{0.99 \times 0.99 \times \cdot\cdot\cdot \times 0.99}_{365回} = 0.03$$

　37.8は、0.03の1260倍にもなります。つまり、１日１％ずつ向上していった人と、１日１％ずつ楽をしていった人では、１年間で1000倍以上の差がついてしまうのです。

　いかがでしょうか。この話は、端的に言えば、==積み上げの重要性==を伝えるものです。昨日、いつもより１％努力して多くを学んだならば、今日はその＋１％をスタートラインにして１％多くを学べる。そして明日は、今日の＋１％をスタートラインにして１％多くを学べる……というふうに、「学びの複利効果」が生まれて、どんどん向上していきます。

　その１％が具体的に何なのかは、人それぞれだと思います。私の場合は、この話を頭の片隅に置きながら、毎日の通勤電車の中で必ず本を読むようにしています。または、資格試験を控えているときは参考書を読むなど、何らかの学びの時間としています。複利効果は、毎日の継続が大事だという、人生の真理を教えてくれているのかもしれません。

「複利」からわかる人生のヒント

☑ 複利のしくみを効果的に利用しよう：

複利は元本だけではなく、それまでに得た利息にも利息がつくしくみであり、長期的に資産を大きく増やすための強力なツール。複利効果を理解し、長期間利用することで、資産形成を効果的に進めることができる。

☑ 資産形成は早いほどよい：

複利の効果を最大限に享受するためには、資産形成をできるだけ早く始めることが重要。若いうちから資産形成を始めることで、時間を味方につけ、複利効果を長期にわたって利用することができる。

☑ 借金にも複利の影響がある：

複利効果は資産を増やすだけでなく、借金が膨らむ原因にもなる。特にクレジットカードのリボルビング払いは、逆複利の効果で借金が増えやすくなる。「利息が利息を生む」しくみを十分に理解し、賢くお金を管理しよう。

私が数学を好きになった
きっかけ❶:
粗大ごみ

　私は今こうして数学の本を書いていますが、そもそもどうして数学に興味を持つようになったのか、参考までにご紹介したいと思います。ちょっと唐突かもしれませんが、もっとも初期のきっかけは「粗大ごみ」だったと思います。

　幼稚園児の頃、私は近所のごみ捨て場を訪れるのが大好きでした。当時は団地に住んでいたのですが、その団地の入り口付近にある電信柱の下が、粗大ごみの捨て場所になっていました。現在、粗大ごみを捨てるときは有料シールを貼る必要がありますが、当時はそういうこともなく、テレビやビデオデッキ、冷蔵庫など、いろいろなものがそのまま捨てられていました。

　私はまるで宝探しをするかのように壊れた家電製品を物色し、そこで見つけたビデオデッキや壊れたトースターなどを拾って帰り、家で工具を使って分解して遊んでいました。テレビや冷蔵庫など大きくて重い家電も、親に手伝ってもらって運んでいました。家に持ち帰ったそれらの家電製品は、私にとってはただのガラクタではなく、未知の世界への入り口だったのです。

　中から出てくる部品は、私にとっては宝石のようなもので

した。コイル、コンデンサー、配線やモーターなど、それぞれの部品に独特の魅力がありました。ときには、それらを組み合わせて工作物を作ったりもしました。

　ある日、それらの部品を使って小さな扇風機を作り上げたのを覚えています。スイッチを入れた瞬間、涼しい風が顔に当たると、その涼しさとともに、何か大きなことを成し遂げた気分になりました。他には、スピーカーから取り出した磁石にアルミ片を付けて電気を流し、「フレミングの左手の法則」で食塩水を動かす実験をしようとして、家を停電させたこともありました。

　こうした楽しみは、幼稚園児の遊びとしては少し独特だったかもしれませんが、おかげで未知なるものを探求する喜びを知ることができました。コラムの後編で述べるように、その後、関心の対象となる「未知なるもの」は粗大ごみから自然法則、そして金融市場へと移っていくのですが、この時期に探求心を思う存分に発揮できたのは大きかったと思います。

　みなさんのお子さんや近所の子どもたちが何かに打ち込んでいたら、たとえそれが大人からは奇妙に見えても、ぜひあたたかく見守ってあげてください。もかしたら、それがその子のライフワークに繋がるかもしれません。

第 2 章

家族・結婚

利己的遺伝子仮説
なぜ嫁と姑は仲が悪いのか？

双子分析
どこまでが遺伝で、
どこまでが環境か？

大数の法則
不確実な世界を乗り越える
数学の知恵

コラム02
私が数学を好きになったきっかけ❷：
クラスメートの感謝の言葉

利己的遺伝子仮説

なぜ嫁と姑は仲が悪いのか?

　家族関係は、人生においてもっとも重要でありながら、もっとも難しいものの1つです。家族は愛情やサポート、安全を提供してくれる場所ですが、ときには摩擦や対立も生じます。特に、結婚によって新しい家庭が生まれるとき、さまざまな問題が浮上することがあります。よく聞く話の1つが、結婚した女性(嫁)と夫の母親(姑)との間に生じる対立、いわゆる「嫁姑問題」です。

　この問題は、日本に限らず多くの文化や社会で見られます。例えばアメリカでは、「Toxic In-Lows」(毒になる姑)という言葉があるほどです。この問題は、当事者からすると悩ましく腹立たしいものですが、いくつかのよく知られた原因があります。ありふれた原因でどの家庭にも起こりうるものだ、とあらかじめ知っておけば、少しは気もまぎれるのではないでしょうか。

▶ 嫁と姑が争う2つの理由

　嫁姑問題が発生する理由をひも解いてみると、大きく分けて「社会的な理由」と「生物学的な理由」があります。

　まず、社会的な理由ですが、嫁と姑は世代が違うので、持っている常識や価値観にギャップがあります。そんななかで、姑が嫁に対して特定の期待を抱くことがあります。

　例えば、実家との付き合い方、家庭内での役割分担、孫の養育

方法などです。嫁の行動が期待に沿っていないと姑が感じると、嫁と姑との間に緊張が生じます。

さらに、一緒に暮らしている場合は、家庭内のちょっとしたことに対する流儀の違いも、互いのストレスに繋がるようです。どこのスーパーへ買い出しに行くか(そして、ちゃんと節約できているのか)、食器洗いをどれくらい丁寧にやるか、夕食のメニューを何にするか、など些細なこともきっかけとしては十分です。

それだけでなく生物学的な理由もあり、ここではこちらが本題です。実は、遺伝子レベルの原因が潜んでいるのです。

というわけで、嫁姑問題を理解するために、「利己的遺伝子仮説」について見ていきましょう。利己的遺伝子仮説は、人間を含むあらゆる生物の行動を、遺伝子のしくみをベースに説明する理論です。

▶ 生物は「遺伝子の乗り物」である

利己的遺伝子仮説は、1976年にイギリスの生物学者リチャード・ドーキンスによって提唱されました。要点だけを簡単にいえば、**生物の行動や特性は、遺伝子を後世に伝えやすくする方**

向に進化してきたという仮説です。

　生物の進化については、18世紀にチャールズ・ダーウィンが提唱した「進化論（ダーウィニズム）」が長らく定説になっていました。

　しかし、後ほど説明しますが、ミツバチなどいろいろな生物の観察をしていくうちに、説明のつかない現象が現れてきて、ダーウィニズムを一歩前に進めた理論として「利己的遺伝子仮説」が登場したのです。

　利己的遺伝子仮説の革新的な点は、進化の主役は「生物」ではなく「遺伝子」だと考えたことです。ダーウィンは1匹1匹の動物や植物、すなわち「生物個体」が生存競争を繰り広げていると考えたのですが、利己的遺伝子仮説では、「遺伝子」が生存競争を繰り広げているのだと考えます。つまり、注目すべき対象を「生物」そのものから「遺伝子」に切り替えたのです。

	利己的遺伝子仮説	伝統的な進化論（ダーウィニズム）
視点	遺伝子中心	個体中心
進化の考え方	ランダムな突然変異によって、遺伝子の「自分のコピーを残す能力」に差が生じる。 ↓ より多くのコピーを残せる遺伝子が後世に伝わり広まっていく。	ランダムな突然変異によって、生物個体の「子孫を残す能力」に差が生じる。 ↓ より多くの子を残せる生物個体の特徴が後世に伝わり広まっていく。
提唱者	リチャード・ドーキンス	チャールズ・ダーウィン

図表16　利己的遺伝子仮説とダーウィニズムの違い

▶ ミツバチはなぜ女王バチしか子どもを産まないのか

　例えば、ミツバチの巣の中でせわしなく働いている働きバチたちは、実はすべてメスです。しかし、子どもを産むのは巣の中でたった1匹の女王バチだけで、働きバチたちは自ら子どもを産むことはありません。それなのに、彼女たちは女王バチの産んだ卵や幼虫を献身的に世話しながら一生を終えます。なぜ働きバチたちは、自ら子孫を残さないのでしょうか？　ダーウィン流の、「より多くの子を残せる生物個体の特徴が、後世に伝わり広まっていく」という考え方では、敢えて子を残さない個体がいることを説明できません。

　この奇妙な行動は、利己的遺伝子仮説によって説明できます。実は、女王バチと働きバチは人間の家族よりも強い血縁で結ばれているのです。

　働きバチはみなメスであり、同じ巣の働きバチはすべて、同じ女王バチから生まれた姉妹です。人間の場合、兄弟姉妹の血縁度（遺伝子の共有率）は1/2で、つまり遺伝子の50％が共通です。同じく、親と子の血縁度も1/2です。

　ところがミツバチの場合、姉妹の血縁度は3/4、つまり遺伝子の75％が共通（理由は後で説明します）であり、親子関係よりも血縁度が高いのです。

　そのため、働きバチにとっては、自分の子ども（血縁度1/2）を産むよりも、女王バチを世話して姉妹を増やした方が（自分も女王の子どもなので、女王が生むメスはすべて自分自身との血縁度が3/4の姉妹となる）、<mark>より確実に自分の遺伝子のコピーを増やす</mark>ことが

できます。だから働きバチは、自分の子どもを産まずに、女王バチの子どもを世話し続けるのだと考えられます。

　以上がざっくりとした説明ですが、利己的遺伝子仮説をより正確に理解するには、遺伝のしくみを知る必要があります。本節の最後に詳しく説明していますので、さらに興味のある人は読んでみてください。

▶ 子どもは「遺伝子の乗り物」？

　なぜ自分の子どもをかわいいと感じるのかも、利己的遺伝子仮説で説明することができます。

　利己的遺伝子仮説によれば、我が子は「自分の遺伝子をのせた乗り物」です。自分の子どもが他人の子どもよりかわいく感じるのは、それが「自分の遺伝子の乗り物」であり、「他人の遺伝子の乗り物」である他人の子どもよりも自分にとって重要だからです。だからこそ親は、お金や労力をかけてその「乗り物（子ども）」を「メンテナンス（育成）」するのだと解釈できます。

　しかし、ここでちょっと疑問も出てきます。自分と我が子の血縁度は1/2ですが、自分と自分の兄弟姉妹との血縁度も同じく1/2です。でも、多くの人は兄弟姉妹よりも、我が子の方がより大切だと感じるのではないでしょうか。

　この点は、乗り物としての有効期間を考えると説明できます。一般的には自分や兄弟姉妹よりも子どもの方が長生きするため、「乗り物」として活動できる期間が長いということです。このように、生物を「遺伝子の乗り物」と考えると、家族との関係についても理解を深めることができます。

▶ 嫁姑問題も理屈は同じ？

　この利己的遺伝子仮説を使って、嫁姑問題を考えてみましょう。姑が息子（夫）をかわいがるのは、姑にとって息子が「自分の遺伝子の乗り物」だからだといえます。一方で、姑と嫁は血縁がない（いとこ婚だとしても血縁は薄い）ため、姑にとって嫁は「自分の遺伝子の乗り物」ではなく、メンテナンスする（＝大切にする、気遣いする）動機がわきにくいのだと考えられます。

　どんなに嫁に厳しい姑も、孫には優しかったりします。孫は、姑から見て「自分の遺伝子の乗り物」であるうえに、「乗り物」として活動できる期間が長いので、メンテナンスする（＝かわいがる）意義が大きいからでしょう。

　もちろん、複雑な人間関係を遺伝子だけで理解するのには無理があります。でも、遺伝子が生物個体の手綱を引いている限り、無関係ではいられないでしょう。

　このようなしくみを知ることは、家族関係のトラブルを冷静に対処するために多少は役に立つかもしれません。例えば、夫の浮気が発覚して姑に相談したときに、姑が思ったほど同情的でなかったとしましょう。「お義母さんならわかってくれると思ったのに、なぜ？」という怒りを感じるかもしれませんが、利己的遺伝子仮説によって、ある程度は理由づけができます。

　姑と孫の血縁度は1/4です。ただし、夫と浮気相手の間に子どもができたとすると、その子どもと姑の血縁度も同じく1/4になります。つまり、浮気で生まれた子どもであったとしても、姑にとっては「遺伝子の乗り物」としての価値は同じということにな

ります。

　もちろん浮気はあってはならないことですが、もしこうした事態に巻き込まれたときは、このように陰で遺伝子が暗躍しているかもしれません。だとすると、姑を味方につけるという戦略は見直しが必要そうです。

▶「遺伝のしくみ」の応用編

　最後に、遺伝のしくみについて見ていきましょう。ここからは少し難しいですが、遺伝のしくみを正確に知ることは生物や自分自身、そして家族についての理解を深めることにもなりますので、ぜひ読んでみてください。

　よく知られた話ではありますが、子どもの遺伝子は、父親と母親の遺伝子が半分ずつ混ぜ合わさってできています。では、なぜ兄弟姉妹で性格や得意不得意に差が出るのかは説明できますか？どの子も父母から「半分ずつ」遺伝子を受け継いでいるならば、同じ遺伝子になるような気がします。

　この謎は、遺伝のしくみがわかれば解決します。というのも、遺伝子を「半分ずつ」混ぜ合わせる際の混ぜ方に膨大なパターンがあり、それが子どもたちの個性に繋がっているからです。

　それでは、どうやって混ぜ合わせるのかを見ていきましょう。人間が持っている遺伝情報の全体を「ゲノム」といいます。みなさんの性格、能力、見た目などが他の人と違うのは、みなさんのゲノムが他の人と違うからです。

ゲノムを構成する遺伝情報は、DNAという細長い糸のようなものに記録されています。DNAは、4種類の塩基と呼ばれる物質が鎖のように連なってつくられているのですが、この塩基の配列によって遺伝情報を記録しています。

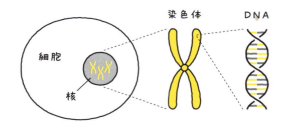

　人間の細胞核の中にあるDNAを繋げていくと、全長2メートルにもなるそうです。それだけ長いので、何とかしてコンパクトに折りたたまないことには、細胞核に収まることができません。そのためDNAは、染色体という単位に分かれて、小さく折りたたまれています。

▶ 染色体がペアになっている理由

　人間の細胞核の中には、全部で46本の染色体があります。それらは2つでペアになっているので、23ペアと数えます。ペアになっている染色体同士を「相同染色体」と呼びますが、相同染色体は、ともに同じ種類の遺伝情報を担っています。ペアになっている理由は、お互いを支え合うためです。支え合うとは、化学物質や放射線などの影響で片方がダメになっても、もう片方が無事であるならば体の機能に異常が生じないようにするためにペアをつくるのです。

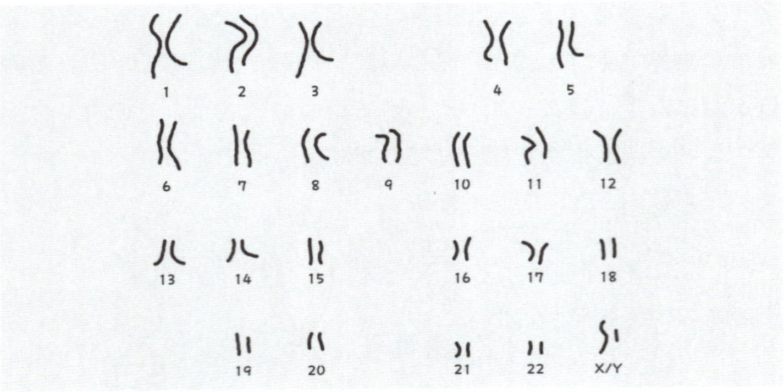

図表17　ヒトの染色体

　相同染色体のおかげで、私たちは生命を維持できています。というのも、細胞の中では、化学物質や放射線などの影響によって、常に遺伝子が損傷しているからです。相同染色体同士は同じ機能を持っていて、塩基配列も非常に似通っているので、ペアの一方の塩基配列が一部損傷した場合は、もう一方の対応する箇所から塩基配列をコピーしてきて修復するしくみがあります。これを「相同組換え」と呼びます。つまり、相同染色体があるおかげで、遺伝子異常を抑えることができ、個体としての生存確率が上がるのです。

　ここからが本題ですが、相同染色体には、もう1つ重要な役割があります。それは、生まれてくる子どものゲノムに多様性を持たせることです。

　人間は誰しも、たった1個の受精卵からスタートします。受精卵は、父親の精子と母親の卵子が結合することでつくられますが、精子や卵子は体の他の細胞と違って、それぞれ23本しか染色体

を持っていません。なぜかというと、子どもも父親や母親と同じく、46本の染色体を持たなければならないからです。精子と卵子それぞれが23本ずつ染色体を持っていれば、受精卵になった段階で合計46本の染色体を持つことになり、ちょうど数が合うわけです。

母親の体の中で卵子がつくられるときは、母親のゲノムにある相同染色体のペアのうち、どちらか一方がランダムに選ばれていきます。23ペアから1本ずつ選ぶので、23本の染色体セットができあがります。同じように、父親の体の中で精子がつくられるときも、23ペアから1本ずつ選ばれて23本の染色体セットができあがります。

▶ ゲノムの壮大な多様性

ここでクイズですが、受精卵のゲノムをつくるときの染色体の選び方は、何通りあるでしょうか?

まずは、母親だけで考えましょう。ある相同染色体のペアからどちらか1つを選ぶ方法は、当然ながら2通りです。それが23ペアあるので、すべての選び方は、

2(1番目のペアから選ぶ方法)×2(2番目のペアから選ぶ方法)×……………………×2(23番目のペアから選ぶ方法)

となり、2を23回掛け算すればよいことになります。

指数表記では、2^{23}(2の23乗)と書きます。計算してみると、838万8608通りです。

父親側の染色体の選び方も母親と同じく、838万8608通りです。

では、卵子と精子が組み合わさった受精卵のゲノムは何通りあるかというと、母親から受け継ぐ染色体の組み合わせが838万8608通り、父親から受け継ぐ染色体の組み合わせが838万8608通りなので、それを掛け合わせると、

8,388,608×8,388,608＝70,368,744,177,664

となり、なんと約70兆通りもあります。

　この時点ですでに膨大な組み合わせパターンがあるわけですが、さらにゲノムの多様性を高めるしくみがあります。
　精子と卵子からやってきて、受精卵の中で新たなペアとなった相同染色体は、先ほど説明した「相同組換え」によって塩基配列の一部を意図的に交換することで、父親・母親のどちらとも違う塩基配列を生み出します。

　相同染色体同士では遺伝子の塩基配列は似通っていますが、完全に同じではなく、部分的に異なっています。そのため、一部を敢えて交換することによって、父親とも母親とも違う塩基配列がつくられるのです。
　「相同組換え」は、通常は損傷した遺伝子の修復に用いられるのですが、子孫を残すプロセスでは、ゲノムの多様性を強化するために活躍します。

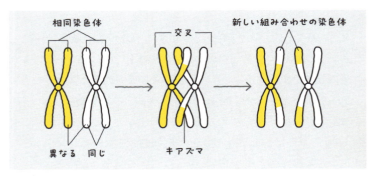

図表18　相同組換えによりゲノムの多様性が増すしくみ

　こうやってゲノムの多様性を確保することは、全滅を防ぐために重要です。ゲノムの多様性がなければ、ある特定の病気が流行するなどの環境変化が発生した際にすべての個体が死滅してしまうかもしれません。ゲノムが多様であれば、さまざまな事態に対して==相対的に高い耐性を持つ個体が生き残るなどして、全滅を防ぐ==ことができます。

　このように、同じ父母から生まれる子どもにも、ほぼ無限といえるほどゲノムの多様性があり得るわけですから、兄弟姉妹に似ていない部分があっても何も不思議ではないということになりますね。

▶ 血縁関係の強さとは何か

　以上が、遺伝のしくみです。このしくみを踏まえたうえで、血縁関係の強さを表す「血縁度」への理解を深めていきましょう。==血縁度とは、「遺伝子を共有している確率」==のことです。ハチの血縁関係について知るための比較対象として、まずは人間の親子の血縁関係について説明します。

人間の場合、父親から半分、母親から半分の遺伝子を受け継いでいます。つまり、ある個体が遺伝子aを持っているとき、それが父親由来である確率は0.5、母親由来である確率も0.5です。

　仮にその遺伝子aが父親由来である場合、aは父親の持つ相同染色体のどちらか一方にあることになるので、兄弟姉妹もその遺伝子aを保有している確率は0.5です（母親由来の場合も同様）。したがって、兄弟姉妹が遺伝子aを保有している確率は、

0.5（父親由来）×0.5（兄弟姉妹にその遺伝子が伝わる確率）＋
0.5（母親由来）×0.5（兄弟姉妹にその遺伝子が伝わる確率）＝
0.25＋0.25＝0.5

となり、兄弟姉妹の血縁度は1/2になります。

　ところが、ミツバチのゲノムのしくみは、人間のしくみとは異なります。メスは相同染色体を持つのですが、オスは相同染色体を持たないのです。メスの染色体は32本（16ペア）ですが、オスの染色体は相同染色体がないので16本だけです。

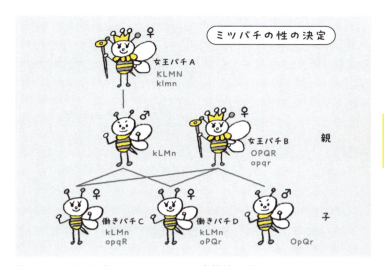

図表19　相同組換えによりゲノムの多様性が増すしくみ

　なぜそうなるかというと、オスは未受精卵がそのまま孵化して産まれるからです。つまり、受精していない（父親からの遺伝子が入ってきていない）卵から生まれるため、母親である女王バチの遺伝子のみを受け継いでいます。

　一方、メスのミツバチは受精卵から生まれるので、人間と同じで父親（オスバチ）から半分、母親（女王バチ）から半分の遺伝子を受け継いでいます。オスバチはメスバチ（働きバチ）と比べると非常に数が少なく、成虫になると巣の外へ飛んでいき、別の女王バチと出会って新たな巣を作ります。

　こうしたハチの遺伝のしくみを踏まえて、ミツバチの血縁度について見ていきましょう。

ミツバチのオスは相同染色体を持たないため、姉妹同士は父親由来の遺伝子を100%共有しています。つまり、働きバチのある個体が遺伝子aを保有しているとき、それが父親由来である場合は、姉妹の働きバチたちも100%の確率で遺伝子aを保有しています。

　一方、メスは相同染色体を持っているので、その遺伝子aが母親由来である場合は、遺伝子aを姉妹も保有している確率は50%です。したがって、姉妹が遺伝子aを保有している確率は、

0.5（父親由来）×1（姉妹にその遺伝子が伝わる確率）＋0.5（母親由来）×0.5（姉妹にその遺伝子が伝わる確率）＝0.5＋0.25＝0.75

となり、姉妹の血縁度は75%すなわち3/4になります。

　以上のことから、ミツバチの姉妹は、人間の兄弟姉妹よりも濃い血縁で結ばれていることになります。

　ここで、もし働きバチ自身が別の巣から飛んできたオスバチと交尾して子どもをつくったとすると、その子どもは自分から半分、オスバチから半分の遺伝子を受け継ぐことになるので、血縁度は1/2になります。つまり、血縁関係で見れば姉妹よりも薄いつながりになってしまうのです。さらにいえば、女王バチが産むか自分が産むかの違いだけなので、先ほど説明した"遺伝子の乗り物としての活動期間"の面では特段の差がありません。

　つまり、働きバチにとっては、姉妹の方が自分の子どもよりも血縁度が高いので、自分が子どもを産むよりも、女王バチに子どもを産んでもらった方が自分の遺伝子のコピーを効率的に増やせ

ることになります。これが、働きバチの「利他行動（自己よりも他者の利益を図る行動）」の理由と考えられています。この仮説は、血縁度3/4という数字がキーになるため、「3/4仮説」とも呼ばれます。

第2章 家族・結婚

「利己的遺伝子仮説」からわかる人生のヒント

☑ 家族関係の複雑さを理解しよう：

嫁姑問題のような家族内の対立は、単なる世代間や個人間の価値観の違いだけでなく、遺伝子の生存戦略に起因する面もある複雑なもの。家族における摩擦や対立は、ある程度は避けられないものであると割り切り、適度な距離感で付き合っていくのがいい。

☑ 感情の背後にある遺伝子の影響を知ろう：

私たちの感情や行動には、遺伝子の影響が深く関わっている。例えば、親が子どもに強い愛情を抱くのは、自分の遺伝子を残すための本能的な行動である。このような遺伝子の影響を理解することで、周囲の人々の行動をより客観的に理解することができる。

☑ 異なる視点を学び多角的に理解しよう：

問題解決においては、異なる視点から物事を考える力が重要。利己的遺伝子仮説のような新しい視点を通じて、家族間の対立や人間関係の問題を深く理解し、よりよい解決策を見つけよう。

双子分析

どこまでが遺伝で、どこまでが環境か？

　突然ですが、ここでちょっと自分の人生を振り返ってみてください。みなさんがこれまでに成し遂げてきたことのうち、何割くらいが生まれ持った能力によるもので、何割くらいが後天的な努力によるものだと思いますか？

　当てずっぽうで構いませんので、比率を思い浮かべながら読み進めてみてください。今回は、遺伝と環境のどちらが人生にとって重要なのか、という話です。

　人間の行動や特性のうち、どこまでが遺伝によるもので、どこまでが環境によるものであるかは、古くから議論されてきました。この問題は、「nature vs. nurture」というフレーズで広く知られています。nature（ネイチャー）とは、遺伝などによる生まれつきの特性であり、nurture（ニューチャー）は、親のしつけ、経験、勉強などの後天的な要素のことを指します。つまり、日本語でいえば「生まれか、育ちか」ということです。

　「生まれか、育ちか」は、「遺伝か、環境か」と言い換えることができます。環境要因は、人が成長するなかで経験するすべてのことをいいます。これには、家庭環境、教育、社会的経験、文化、経済状況などが含まれます。

▶ 世界中の人々が知りたい謎

　人間の人生においてnatureとnurtureのどちらの影響の方が大きいかという謎は、世界中の人々が興味を持つテーマです。ですから、それを調べるために、世界各地で「双子研究」がなされています。これはその名のとおり、双子を調べることで遺伝の影響を確かめる研究です。

　双子研究の歴史は意外に古く、19世紀にさかのぼります。世界で初めて双子研究を行ったのは、人類学者のフランシス・ゴルトンでした。ゴルトンは進化論で有名なチャールズ・ダーウィンの親戚にあたり、研究のきっかけもダーウィンが出版した『種の起源』に刺激を受けたことだとされています。ちなみに、『種の起源』はダーウィンが進化論について記した本であり、今では歴史を変えた名著として知られています。先ほどの「nature vs. nurture」という言葉も、ゴルトンが生み出したものです。

　ゴルトンはまず、当時の有名人の血縁関係について調べることから研究をスタートしましたが、この方法で研究を深めるのには限界があると感じ、双子を使った研究に切り替えました。

　ゴルトンの研究法は、多くの双子に質問表に答えてもらうというやり方でした。1875年、その結果を「双子の研究」（The history of twins）という論文にまとめて発表し、遺伝の影響は環境の影響よりも大きいと結論づけています。

▶ 双子研究で「遺伝」や「環境」の影響を調べる

　ゴルトンが双子分析を行っていた時代、実は遺伝の法則はまだ知られていませんでした。遺伝の法則である「メンデルの法則」

が世間に認知されたのは1900年のことであり（メンデルは1865年にこの法則を発表したが注目されず、1900年に別の学者に再発見され日目を見た）、ゴルトンの「双子の研究」の論文より25年も後のことでした。

現代では、遺伝のしくみは詳細に解明されていて、双子分析は創始者であるゴルトンの時代よりも洗練されたものになっています。

ここで重要になるのが、一卵性双生児の研究です。一卵性双生児とは、もともと１つだった受精卵が２つに分裂して生まれた双子のことで、このタイプの双子は100%同じ遺伝情報を持っています。これに対して、二卵性双生児は２つの受精卵が同時に成長して双子として生まれてきたものなので、普通の兄弟姉妹と同じく、遺伝的な類似性は50%になります。

こうした背景から、双子研究は遺伝と環境の影響を分けて考えるのに非常に有効な方法となっています。

例えば、遺伝子が100%同じである一卵性の双子が異なる環境で育った場合、彼らが示す性格や健康、能力の違いを調査することで、「環境」がどれだけ人間の発達に影響を与えるかを明らかにできます。同時に、同じ環境で育った二卵性双子のデータを比較することで、「遺伝」がどれだけ強い影響を持つのかを示すことができます。

　双子研究を行う際の基本的な方法には、大規模な調査や詳細なケーススタディがあります。「大規模調査」では、多くの双子を対象に、性格や能力、健康状態などのデータを広範囲にわたって収集します。これにより、統計的な手法を用いて遺伝と環境の影響を分析することができます。

　一方、「ケーススタディ」では、特定の双子のペアを詳しく調べることで、個々の事例から深い洞察を得ることを目指します。これには、詳細なインタビューや心理テスト、場合によっては医学的な検査を行うことも含まれます。

▶「遺伝ガチャ」は人生にどれくらい影響するか？

　この研究法によって、多くのおもしろい発見がなされています。例えば、慶応義塾大学名誉教授の安藤寿康先生が行った研究（**図表20**）を見てみましょう。これは個人のいろいろなステータスにおいて、遺伝と環境のいずれの影響が大きいかを分析した結果です。

　身長や体重、運動能力、数学や音楽の才能、文章力などについては、遺伝の影響が相当に大きい（8～9割）ことが見て取れます。
　一方、外向性や同調性などの社会的な傾向の一部は環境の影響が優勢ですが、それでも4割近くは遺伝の影響を受けています。

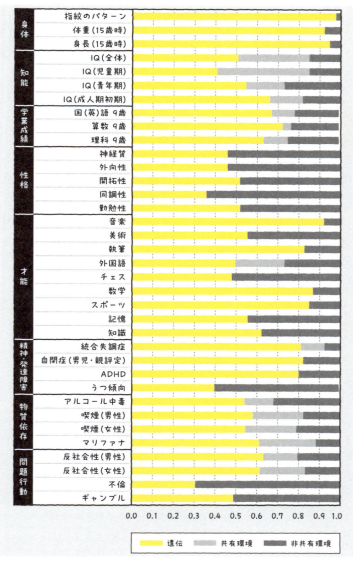

図表20　遺伝の影響
出典:『日本人の9割が知らない遺伝の真実』(安藤寿康著、SB新書、p81)を参考に作成

みなさんは、「遺伝ガチャ」という言葉を聞いたことがありますか？　「ガチャ」とは、元はカプセル入り玩具の自動販売機である「ガチャガチャ」あるいは「ガチャポン」から来ているそうです。

ガチャガチャは、コインを入れてハンドルを回すと玩具入りカプセルが出てくるのですが、欲しいカプセルが出るかどうかは運次第なため、くじ引きに近いものです。これがオンラインゲームのくじ引きを表す「ガチャ」という言葉に転じ、さらにそれが転用されて、自力ではどうしようもない運任せの要素を「○○ガチャ」というようになったそうです。

そうした表現を借りて、遺伝による生まれつきの才能の違いは「遺伝ガチャ」といわれています。図表２０の双子分析の結果を見ると、遺伝ガチャという概念も、あながち無視はできないですね。

▶ 双子は知能も似ているのか

次に、多くの人の関心をひき、盛んに研究されているテーマでもある「知能」を深掘りしてみましょう。

図表２１は、日本人の双子にIQテストを受けさせた結果を表にしたものです。横軸が双子の一方のIQ、縦軸がもう一方のIQを表しています。もし双子のIQが全く同じであれば、そのデータは45度線のライン（図表の太線）に乗るはずです。

図表を見てみると、データは概ね45度線のラインに沿ったように分布していることがわかります。これは多くの場合、双子のIQがかなり似通っていることを示しています。

この図表への理解をさらに深めていきましょう。左上の数字は

「相関」といって、比較している2つのデータが何割くらい連動しているかを表しています。一卵性双生児(遺伝子がまったく同じ)は相関が0.72とありますが、これは、IQテストの結果が7割も連動していることを意味しています。

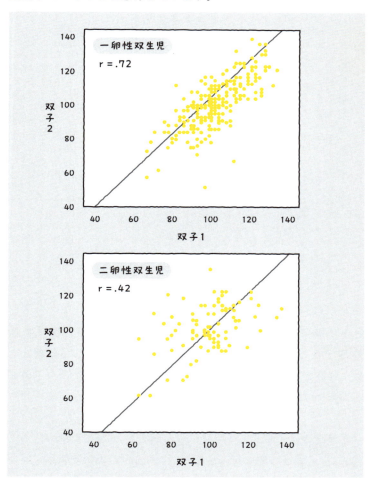

図表21　一卵性双生児と二卵性双生児のIQの相関
出典:『日本人の9割が知らない遺伝の真実』(安藤寿康著、SB新書、p65)を参考に作成

日本に限らず、他の国で同様の調査を行っても双子のIQは非常に似通ったものになることが知られています。**図表22**はアメリカの研究ですが、同じような結果になっていることがわかります。

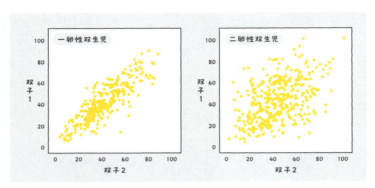

図表22　フロリダ州立大学の双子研究
出典：S.A. Hart et al. 2021

▶ 成長するにつれて、遺伝の影響はむしろ大きくなる？

　どうやら、知能については遺伝の影響がかなり大きそうです。さらに驚くべきことに、==成長するにつれて遺伝の影響がむしろ強まる==という研究もあります。直感的には、人間は年齢とともに経験を重ねていくので環境の効果が強まっていきそうな気がしますが、実際には逆なのです。

　図表23はイギリスの学者による研究で、1万1000ペア（2万2000人）の双子に知能テストを受けてもらった結果を表しています。今まで紹介した研究と異なるのは、年齢ごとに区切って調べている点です。**図表23**では、幼少期（9歳時）、青年期（12歳時）、

成人初期（17歳時）の成績を比較しています。このグラフを見ると、年齢が上がるにつれて遺伝の影響が右肩上がりに大きくなっているのがわかります。

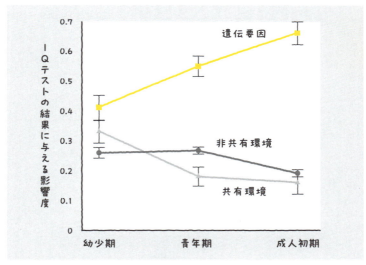

図表23　遺伝と環境が知能に及ぼす影響
出典：Haworth et.al.（2010）

　この結果は意外に思われるかもしれませんが、人間は経験を重ねることで、自分本来の遺伝的な素質を引き出せるようになっていくのだと考えられます。子ども時代は親や先生から言われた通りの勉強をしていたものが、だんだんと自分なりの興味や主体性で動くようになり、試行錯誤をしながら自分に合った学び方を身につけていきます。そうして、自分本来の姿になっていくのです。

　また、日本人男性の年収と遺伝の関係を調べた研究を紹介しま

す。この研究結果を見ると、若い頃は環境の影響が支配的（遺伝は２割程度）である一方、年齢が上がるにつれて遺伝の影響が大きくなっていき、40代では遺伝の影響が６割近くに達します。

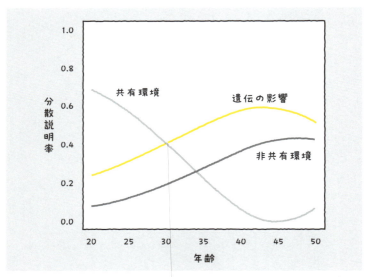

図表２４　年収に対する遺伝の影響（日本人男性　双生児約1000人）
出典：Yamagata, Nakamuro, and Inui（2013）

　この結果も、先ほどのIQと似たような説明ができます。働き始めの頃は、企業ごとの初任給の違いや、親のコネの有無などの環境によって年収が決まります。しかし、仕事を続けていくうちに昇格や昇給、転職などで差がついてきて、次第に**自分本来の実力に見合った年収になっていく**のだと考えられます。結果として、もっとも「脂がのっている」働き盛りの40代において、遺伝の影響が最大になるということです。

　このように、データを見ると遺伝の影響がかなり大きいことが

わかりますが、努力がムダだとか、結局は才能には勝てないんだなどと落ち込む必要はありません。というのも、**遺伝はその人が持つ潜在能力を表している**ものだからです。つまり、年齢とともに遺伝の影響が大きくなるのは、経験を重ねることで実力を発揮する術を身につけていくからだと考えられるのです。

　要するに人間は、最初は環境に翻弄されてしまうけれども、経験を重ねるうちに自分なりのやり方を身につけ、環境を克服して本来の実力を発揮できるようになっていくということです。人間は人生における挑戦と挫折から自分自身について学ぶことで、本来の自分に近づいていくのです。

第2章　家族・結婚

「双子分析」からわかる人生のヒント

☑ 遺伝は出発点である：

遺伝は、その人の持つ潜在能力を表している。生まれ持った才能は遺伝によって決まるが、それを引き出し、現実の成果に変えるのは経験と努力次第である。

☑ 遺伝の影響は分野によって異なる：

人のさまざまな能力が、どれくらい遺伝によって決まるのかは詳細に研究されている。能力のタイプによって、「遺伝」の影響が大きいものと、「環境」の影響が大きいものがある。

☑ 人は成長とともに力の引き出し方を学ぶ：

知能や年収は、年齢とともに遺伝の影響が高まっていくとする研究がある。これは、人生における挑戦と挫折から自分自身について学ぶことで、自分本来の実力を出せるようになっていくためだと考えられる。

大数の法則
不確実な世界を乗り越える数学の知恵

　生活に密着した数学の法則というと、私は「大数の法則」を思い浮かべます。「大数の法則」とは、「たくさんやるほど結果が理論に近づく」という法則です。この言葉だけではわかりづらいので、具体例で見ていきましょう。

　表と裏が5分5分の確率で出るコインがあるとします。コインを投げて「表が出た回数」を数えるとして、コインを10回投げて表が7回、裏が3回出たら、表が出た比率は7÷10で0.7です。では、コイン投げを繰り返していくと、この比率はどう変わっていくでしょうか？

　最初のうちは、比率は0.4になったり0.6になったりと揺れ動きますが、コイン投げの回数が1000回、10000回と増えていくと、この比率は理論値の0.5に近づいていきます。
　この現象は、大数の法則が働くことで起きています。1回1回のコイン投げの結果が表になるか裏になるかは、やってみないと

わかりません。けれども、コイン投げを多数回繰り返していったときの表の比率は、理論値の0.5に近づいていくのです。

▶ 大数の法則は社会を支えている

この話だけでは「大数の法則」の重要さが伝わりにくいかもしれませんが、この法則は現代社会を裏で支えています。では、生命保険を例に考えてみましょう。

生命保険会社は、毎月いくらかの保険料を受け取る代わりに、人が亡くなったり病気になったりしたときに保険金を支払います。けれども、人がいつ亡くなるか、いつ病気になるかは誰にもわかりません。つまり保険会社は、いつお金が出ていくかをあらかじめ知ることができないのです。それなのに、ちゃんとお金が払えるのはなぜでしょうか？

実は、契約者がたくさんいることが鍵となります。1つの保険会社における死亡保険の契約件数は、数十万件や数百万件にのぼります。1人1人がいつ亡くなるのかは保険会社も知りようがありませんが、何十万人もの集団を考えれば、そのうちの何パーセントが1年間で亡くなるかは「大数の法則」によって正確に予測できます。つまり、年齢ごとの死亡率という統計データにほぼ一致するのです。そのため保険会社は、保険金支払いのためにどれくらいのお金を用意しておけばいいかが事前にわかります。

先ほどのコイン投げと本質的には同じ考え方ができます。「生」か「死」かはコインの表裏のようなもので、1人1人について表が出るか裏が出るかはわかりません。しかし、何十万という契約全体を見れば、そのうちの何割が「死」となるかがわかるのです。このように、突然の不幸から私たちの生活を守ってくれる生命保険は、大数の法則に支えられています。

私たちが銀行から自由にお金を引き出せるのも、「大数の法則」のおかげです。銀行は、みなさんが預け入れた預金をそのまま金庫にしまっているわけではありません。そのお金を金庫から出して、企業に貸し出しています。そうすれば、銀行は貸付から利息を得て儲けることができるからです。

　しかし、みなさんが口座からお金を引き出そうと思えば、いつでも自由に引き出せます。みなさんがいつお金を引き出すかわからないのに、銀行はなぜ企業にお金を貸せるのでしょうか？

　ここにも「大数の法則」が隠れています。預金者は、それぞれが自由にお金を預け入れたり引き出したりしています。ところが、大勢の預金者の行動を全体として見ると、「大数の法則」によって１日あたりに「引き出されるお金の額」と「預け入れられるお金の額」はおおよそ同じくらいになるので、銀行は預金のごく一部をキープしておけば引き出しに対応できるのです。そして、残りの大部分のお金を企業に貸し出すことができるというわけです。銀行が貸し出しを通じて企業を支えることができるのも、大数の法則のおかげです。

▶ 大数の法則とは何か

　大数の法則について、もう少し掘り下げていきましょう。大数の法則は、人生訓や経験則の類いではなく、れっきとした数学の定理です。

　スイスの数学者ヤコブ・ベルヌーイによって1713年に証明され、その後、ロシア数学の父といわれるパフヌティ・チェビシェフが、より一般的な事例に当てはまるように拡張しました。もともとは数式で表されるのですが、それではわかりづらいので言葉

で表現すると次のようになります。

　あるできごとが起きる確率を理論的に計算し、実際の経験と比較したとする。経験数が少ないうちは理論上の確率は当てにならないが、そのできごとの経験数が増えれば増えるほど、経験上の確率は理論上の確率に近づいていく。

　これでもわかりづらいので、直感的に理解するために「チンチロリン」という伝統的なサイコロゲームで考えてみます。
　「チンチロリン」はお椀とサイコロを使うギャンブルの一種で、サイコロを３つお椀に投げ込んで、出た目によって勝負が決まります。例えば、サイコロの３つすべてに１の目が出れば「ピンゾロ」といって、掛け金の５倍を受け取ることができます。

　理論的に計算してみると、サイコロが３つとも１の目が出る確率は0.5％程度です。つまり、平均して200回に１回くらいはピンゾロが出るということなので、あり得ない話ではなく、わりと盛り上がるのではないでしょうか。
　しかし、これがサイコロ100個ではどうでしょう？　あるいは、サイコロ10000個では？　ここまでくれば、「ピンゾロ」ねらいは非現実的です。

　つまり、サイコロの数が増えるほど、ピンゾロのような特別なことは起こりにくくなってきて、予想通りの結果が待っていることになります。予想通りの結果とは、「１〜６の目がほぼ均等に出ている」というものです。理論的には、それぞれの目が出る確率は等しいので、どの目も同じくらいの回数だけ出るはずです。そして、サイコロの数が多くなればなるほど、「理論上の予測

（理論上の確率）」と「実際の結果（経験上の確率）」が近づいていきます。これが「大数の法則」です。

　余談ですが、このように経験上の確率が理論上の確率に収束していくことを、数学の用語で「確率収束」といいます。

　「大数の法則」は、確率論と呼ばれる数学の分野でもっとも重要な定理の1つとされています。なぜ重要かというと、起きるかどうかわからないことについて理論的に考えようとするときに、「大数の法則」が指針を与えてくれるからです。

▶ 起きるかどうかわからないことも推測できる

　起きるかどうかわからないことについて考えなければならない場面は、世の中にたくさんあります。例えば、人の死や病気、事故、災害、企業の倒産、などです。このような課題について、人は過去の経験や学問を駆使して、「理論的にはこれくらいの確率で起きる」という数字をはじき出します。

　ただし、理論上の確率はあくまで机上の話に過ぎないので、実際はその通りにならない場合もあるでしょう。しかし、だからといってあきらめては進歩がありません。ここで、「理論上の確率」と「実際の経験」を結び付ける何かが必要ということになります。それこそが、「大数の法則」です。

　古代ギリシャの哲学者プラトンは、現実世界の不完全さや歪みを持たない理想世界のことを「イデア界」と呼びましたが、机上の理論は、この「イデア界」のようなものです。経験数が増えていくと、「大数の法則」によって「経験上の確率」が「理論上の確率」に近づいていきます。「大数の法則」は、いわば「イデア

界（理論上の確率）」と「現実世界（経験上の確率）」の橋渡しというわけです。

▶ イカサマでは大数の法則は働かない

　ここで注意したいのは、数が多ければ必ず「大数の法則」が働くわけではないという点です。例えば、チンチロリンのサイコロがすべてイカサマで必ず1の目が出るようになっていたら、例えサイコロが10000個あったとしても、必ず「ピンゾロ」になりますね。この場合、サイコロの目はバラバラに出るわけではなくて、いつも同じ目が出るようになっているのです。

　「大数の法則」が働くためには、1つ1つの試行が無関係でなければなりません。サイコロでいえば、イカサマがなくて、どのサイコロも連動せずバラバラに目が出る状況です。ちなみに、無関係であることを、数学の世界では「独立」と呼びます。

　生命保険のケースでは、通常は人の死の理由はさまざまで、そして互いに無関係です。ある人は老衰で、ある人は交通事故で、ある人は癌で、という具合に、それぞれの理由によって死が訪れます。このように、通常、人の死は互いに無関係なので「大数の法則」が働き、保険というしくみが成り立ちます。

▶ 異常事態のときも要注意

　けれども、それが成り立たない場合もあります。戦争など、多くの人が一度に亡くなるような大事件が起きたときです。こうした異常事態が生じたときは「大数の法則」が働かないため、保険会社は保険金を支払わない場合があります。

例えば、保険契約を結ぶときに、保険会社は契約者に対して契約の条件を記した「約款」という書類を渡すことになっています。約款の中には「免責事由」という項目があり、そこに保険金の支払いを免責される場合が記載されています。

代表的な免責事由の1つが「戦争その他の変乱による被保険者の死亡」です。人の死が互いに無関係に起こっている状況ではないときにも保険金を支払うと、膨大な支払額になって会社が潰れてしまいかねないので、あらかじめ免責しているわけです。

銀行預金も同じようなことがいえます。預金者はそれぞれが自分の都合でお金を預けたり引き出したりするので、そのタイミングはバラバラで無関係のはずです。

しかし、銀行に経営不安のうわさがたったときなどに起きる「取り付け騒ぎ」の場合は違います。取り付け騒ぎとは、多くの預金者が銀行に殺到して、一斉に預金を引き出そうとすることです。このような場合は、多くの預金者が同じタイミングで預金を引き出すので、現金はあっという間に底をついてしまいます。

▶ 特権階級は大数の法則を狂わす

大数の法則が成り立つ条件にはもう1つあります。「特権階級がいない」ということです。例として、また生命保険を考えましょう。

ある生命保険会社の契約を調べてみると、会社全体の保証残高（すべての契約の保証金額を足し合わせたもの）が10兆円でした。ところが、より詳しく調べてみると、ある1人のおじいさんが何件もの保険に入っていて、そのおじいさんだけで保証総額が9兆円に上っていることがわかりました。ということは、このおじいさんが亡くなれば9兆円のお金が一気に流出します。つまり、このお

じいさんのように、他と比べて特別な影響力を持つ「特権階級」がいると、大数の法則は成り立たなくなってしまいます。

このように、いくら数が多くても、そのうちの一部が持つ影響力があまりに大きいと、「大数の法則」が成り立たない場合があります。言い換えれば、==どれも特別な影響力を持たずに似たもの同士である必要==があります。この条件は、数学の専門用語で「同一性」と呼びます。

まとめると、大数の法則は次の条件がそろったときに成り立ちます。

条件１：多くの試行がなされる。
条件２：それぞれの試行は互いに無関係である（独立性）。
条件３：どの試行も大きく違わない（同一性）。

▶ ギャンブルはほどほどに？

「大数の法則」によれば、ギャンブルはやればやるほど負けるということになります。なぜかというと、ギャンブルは確率的には必ず胴元が勝つように設計されているからです。そうでなければ、パチンコ屋もカジノも破産してしまうでしょう。

ギャンブルがビジネスとして成り立つのは、お客さんが全体としては負けるように、胴元が勝率を調整しているからです。そうして多数のお客さんを相手に商売すれば、「大数の法則」によって、「実際の結果」が「理論上の確率（お客さんが負ける）」に近づいていくということです。

では、ギャンブルを適度に楽しむためにはどうすればいいでし

ょうか？　ここでは、大数の法則がどんなものかを改めて思い出してください。

「経験数が少ないうちは理論上の確率は当てにならない」のでしたね。つまり、たまにギャンブルをやるのであれば、胴元が設定した**「理論上の確率（必ず負けるように設定されている）」が当てにならない**ので、少なくとも「大数の法則」によって負けに収束していくということにはなりません。要するに、ほどほどに楽しめばよいということです。

宝くじも同じです。宝くじは、くじ券を買って、その券の番号が抽選番号と一致すれば賞金がもらえます。この賞金は、くじ券の売上代金から支払われています。そして、くじ券の売上総額に対する賞金総額の割合を「還元率」と呼びます。

例えば、1等5億円、2等1億円……といった形で、賞金の総額が10億円だったとしましょう。そして、1枚200円のくじ券が1000万枚販売されたとします。

この場合、くじ券の売上総額は、200円×1000万枚で20億円、賞金総額が10億円なので、還元率は5割（10億円÷20億円）です。

実際の宝くじでも、還元率の相場はおおよそ5割くらいだといわれています。つまり、理論上の確率で見れば、宝くじに費やした金額のうち、半分は返ってこないということです。

投資の世界では、株などに投資した結果としてどの程度の収益が期待できるかという見積もりのことを「期待収益率」といいます。宝くじも投資の一種だと考えると、宝くじの期待収益率は、なんと約マイナス50％になります。

逆の視点に立てば、宝くじは売る側にとっては夢のような商品です。紙切れに番号を印刷して売るだけで大金が儲かるからです。銀行では、新入行員は最初の仕事として宝くじ販売係を任命されます。新人にとって、高度なスキルや経験が要求される融資業務で貢献をするのは難しいですが、宝くじ販売なら、道行く人に元気よく声かけするだけで銀行の収益に貢献できるのです。

▶ 誤った法則性を見出してしまう心理バイアス

「大数の法則」の教訓は、試行回数が少ないときにも役に立ちます。というのも、「大数の法則」を裏返せば、試行回数が少ないうちは、理論があてにならないということでもあるからです。

しかし、人はよくそのことを忘れ、試行回数が少ないために偏った結果となった場合にも、そこから誤った法則性を見出してしまいます。そのような心理バイアスのことを、プリンストン大学名誉教授の心理学者ダニエル・カーネマンは「小数の法則」と名づけました。

例えば、コイン投げの結果として①〜③のうち、いかにもあり得そうなものはどれでしょうか？

① 表 表 表 表 表 表 表 表 表
② 裏 裏 裏 裏 裏 表 表 表 表 表
③ 表 裏 表 裏 裏 表 裏 表 表 裏

多くの人は、③が自然に見えると答えるのではないでしょうか。③は表と裏が概ねバラバラに出ていて、「それっぽい」からです。

しかし、表も裏も出る確率は同じなので、実は①〜③はどれも理論上は全く同じ確率で出現します。なぜ③が「自然」に見える

かというと、表と裏がランダムに同じくらいの割合で出ているので、「理論上の確率」と近い結果のように思えるのでしょう。

でも、そのような推測に意味があるのは、「大数の法則」が働くほど試行回数が十分に多いときに限ります。たった10回では、そうした推測はあまり役に立ちません。

世間を見渡してみると、「小数の法則」の事例は至るところで見つかります。

例えば、ビギナーズラックという言葉も小数の法則に関係しています。ビギナーズラックとは、スポーツで新人が好成績をおさめるなど、経験の少ない初心者が意外なほど活躍することを指します。この現象も、「大数の法則」の考え方を当てはめれば理解できます。「大数の法則」では、ゲームを繰り返し何度もやっていくうちに、総合的な成績が実力（理論値）に収れんしていくと考えられます。反対に、数回だけの試合に注目すれば、実力が乏しくてもたまたま勝つこともあるのです。

あるいは、付き合った男性がみな「ダメンズ（ダメな男性）」だったからといって、「男はバカばっかりだ」と考えるのも、「小数の法則」のバイアスといえるかもしれません。1人の女性が生涯で付き合える人数は、一般的には「大数の法則」が働くほど多くはないでしょう。

ですので、その少ない経験数からでは、男性全般についての法則は導き出せないはずなのです。逆もまた然りで、元カノや女友だちとの体験談から「女ってやつは〇〇〇だ」と思っている男性も、「小数の法則」によるバイアスがかかっているかもしれません。

▶ 失敗から学び繰り返しチャレンジした人が成功する

　何度も何度も試して得た経験やデータは、それだけ信頼性が高いといえます。私が以前に勤めていた保険会社の最優秀クラスの営業担当者は、「営業で重要なのは、とにかく多くのお客様と会って、データを集めて研究すること」だといいました。キーワードは「5W1H」です。時間（when）、場所（where）、どういうお客様か（who）、何の商品を紹介したか（what）、なぜ成約した/断られたか（why）、どのようにアプローチしたか（how）などを細かくメモしておき、統計的に分析して法則を導き出し、次に声をかけるときに生かすことが重要だというのです。

　営業は、「大数の法則」がダイレクトに効いてくる職種といえます。優秀な営業担当者は、まず誰よりも多くの人に声をかけて「数」を確保します。そして、細かく記録してデータをためて研究し、「理論」を向上させていきます。

　もちろん、多くの声をかける彼らは、誰よりも多く断られているでしょう。けれども、諦めずにたくさんの電話や訪問をすることで「大数の法則」が働き、一定数の契約を安定的に取れるようになります。さらにはデータを研究して工夫を凝らすことで、「理論（成約確率）」も向上させていくのです。

　著名な心理学者であるマーティン・セリグマン教授（第4章でも出てきます）の『オプティミストはなぜ成功するのか』（山村宣子訳、講談社、1991年）には、楽観的な保険営業マンほどよい成績を残しているという調査結果が記されています。

　セリグマン教授は、メトロ生命という生命保険会社の新入社員104人を調査対象として選び、教授が開発した心理テストを受けさせました。この心理テストは、人生で何かが起きたとき、それ

をどれくらい楽観的に解釈する傾向があるかを測るものでした。つまり、その人が楽観的な人物なのか、悲観的な人物なのかを見分けるテストということです。

　教授がまず驚いたのは、保険営業の平均点が、他の職業の平均点をはるかに上回っていた（つまり、はるかに楽観的だった）ことでした。営業は、もともと断られてなんぼの仕事なので、楽観的な性格でなければ務まらないということかもしれません。後に教授は、これらの社員の追跡調査を行い、入社から1年後の契約獲得成績を調べました。すると、楽観度テストで上位半分にいた人たちは、下位半分の人たちよりも20%も契約獲得数が多かったそうです。さらに、上位1/4の人たちは、下位1/4の人たちより50%も契約獲得数が多かったということです。

　セリグマン教授は、この営業成績の違いは「立ち直りの速さ」からきていると分析しています。誰にとっても、お客さんから断られるのはとてもつらい体験です。多くの人は断られたときのショックで心が折れてしまい、しばらくは次の電話をかける気力を失ってしまいます。
　けれども、楽観的な性格の人ほど短い時間で立ち直って次の電話をかけ始めるので、結果として好成績になるということです。

「大数の法則」からわかる人生のヒント

☑ 失敗は成功の基礎（経験を積み重ねて法則を見出す）：

大数の法則が示すように、失敗を恐れず多くの試行を繰り返すことで、結果は次第に安定し、成功の確率が高まる。特に営業や起業といった分野では、多くの試行錯誤から得られる経験が、未来の成功を形づくる基盤となる。失敗は、成功のためのステップである。

☑ 早合点は禁物（少ないデータに惑わされない視点を持つ）：

人は少数の経験やデータから誤った結論を導きがちだが、これを「小数の法則」と呼ぶ。例えば、限られた個人的な経験だけで全体を判断することは危険である。多くの人の話を聞き、本を読むなどして、いろいろな人の経験や視点を取り入れていくことでバランスのある視点が育まれる。

☑ ギャンブルは楽しみ程度に（確率のワナを知る）：

ギャンブルや宝くじは、やればやるほど大数の法則により理論上の「負け」に近づくよう設計されている。これを理解すれば、ギャンブルは本気で稼ぐ手段ではなく、適度に楽しむ娯楽として捉えることができる。

コラム02

私が数学を好きになった きっかけ❷： クラスメートの感謝の言葉

前章でご紹介した粗大ごみを分解する趣味は、小学生になってから徐々に卒業していきました。

私の小学生時代と中学1年生の頃は、正直言ってあまりよい思い出がありません。特定のグループから目をつけられて、いじめを受けていたからです。暴力も頻繁にありました。学校に行くのが苦痛で、ほとんど笑顔のない日々を送っていました。友だちも限られていたので、休日は家族とどこかへ出かけるか、図書館で自然科学系の本を読むなどして過ごしていたことが多かったです。

しかし、中学2年生になる頃、状況は少しずつ変わり始めました。勉強をおもしろいと感じるようになり、成績が次第に上がっていきました。もともと自然科学系の本をいろいろと読んで興味が高まっていたこともあり、数学や理科は特に得意科目になりました。クラスメートも私の変化に気づき始めました。成績が上がるにつれて、私に対する態度も変わっていきました。いじめは次第に減り、最終的には自然消滅しました。私が勉強で自信をつけて、堂々と自分を表現できるようになったことが大きかったのかもしれません。

高校生になってからは、さらに勉強に打ち込むようになり

ました。特に数学や物理への情熱はますます強くなり、複雑な問題を解くことに喜びを感じていました。

　ある日の休み時間に、1人の男子生徒が声をかけてきました。彼が持っていたのは、「底から水が漏れている水槽に、上から水を注ぐ」という微分積分の問題でした。彼は解答の糸口がつかめず、途方に暮れていました。

　私は彼の隣に座り、問題の考え方を説明しました。まず、状況を微分方程式で表現し、次にその解法を丁寧に解説しました。彼は私の説明を真剣に聞き、次第に理解の表情が浮かびました。そして、ついに問題を解くことができたとき、彼の目が輝き、感謝の言葉を口にしてくれました。

　自分の知識が誰かの役に立ち、問題を解決する手助けができたことが、こんなにも嬉しいものだとは思いませんでした。この経験が、私にとって数学のおもしろさをさらに深めるきっかけとなりました。数学は単なる学問ではなく、人と人とを繋げる力を持っていることを実感しました。

　このあたりから、自分の関心がはっきりと自然科学や数学に向いていることを自覚し、大学では物理学を専攻することにしました。数学科にしなかったのは、先ほどの水槽に水を入れる場合のように、実際に起こっていることを数学で表すことの方に興味があったからです。

第3章

仕事・働き方

ヒューマン・キャピタル
人生でもっとも高価なものは「自分」!

NPV法
未来を考えたお金の使い方を
していますか?

顧客生涯価値（CLV）
「お客様は神様です」という発想は
このままでも大丈夫!?

秘書問題
「選べる」ことは嬉しいけれど、難しい!?

コラム03
私が数学を好きになったきっかけ❸：
金融との出会い

ヒューマン・キャピタル

人生でもっとも高価なものは「自分」！

みなさんの持ち物のなかで、いちばん貴重な資産は何ですか？多くの人は「家」や「車」などと答えるかもしれません。あるいは、宝石や高級腕時計を挙げる人もいるでしょう。しかし実は、それよりもはるかに高額なものが身近にあります。そう、みなさん自身です。

もちろん、誰だって唯一無二の存在です。しかし、ここでは経済的な価値に絞って考えましょう。経済的に見れば、みなさんの「労働力」が膨大な価値を持っているのです。「働くのが好きだ」という人もいれば、「仕事なんてしたくない」と思う人もいるでしょう。しかし、どちらのタイプであっても、私たちは生活のために働いてお金を稼がなければなりません。

考えてみてください。働くということは、私たちが持っている「時間」「知識」「スキル」そして「体力」を使って、お金を得ることです。言い換えれば、自分が持っている価値をお金に換えているのです。つまり、誰もが自分のスキルや労働力を使ってお金を得る力を持っています。この力こそが「ヒューマン・キャピタル」、つまり「人的資本」と呼ばれるものです。

▶ 学び続けることで稼ぐ力も高まる

　自分自身のヒューマン・キャピタルを築いていく努力は、物心がついたころから始まります。みなさんも一度は、「なんで学校に行って勉強しなきゃいけないんだ！」と思ったことがあるかもしれません。実際、大昔は学校なんて通わずに、家族みんなで狩りや農作業をしながら生活していた時代もあったことでしょう。

　しかし、現代社会は非常に複雑化しているため、子どもが生きていく力を身につけるには、親の教育だけではとても足りません。そこで、義務教育が導入され、さらに高校や大学、塾に通うことが一般的になり、成人してからも職業訓練校や社会人大学院で学び続けるのが当たり前になっています。

　例えば、学校で習う漢字や掛け算九九、英語といった知識は、社会人になってからも日常的に使う大切なスキルです。学校で特別に優れた成績を収めていなかったとしても、学び続けることで、基礎的な能力は自然と身についていくものです。そして、周りの人々と同じくらいの常識や教養、計算力や文章力、読解力が備われば、それらが社会での仕事を大いにサポートしてくれます。

　経済学の切り口から考えると、私たちはそうやって**学んでい**

くことで、**自分自身の「稼ぐ力」を高めている**のです。私たちは、生まれたばかりのときは何もできませんが、やがて言葉や計算や常識を学んでいき、それらを使って仕事をして報酬を受け取るようになります。この「稼ぐ力」のことを、経済学の専門用語で「ヒューマン・キャピタル」といいます。

▶ 1人1人が持つ「資本」

ヒューマン・キャピタルという言葉の由来を見てみましょう。「資本（capital：キャピタル）」とは、お金を稼ぐための元手のことです。

例えば、株式会社がビジネスを始めるときに、必要な資金を集める手段として株式を発行します。仮に、1株1万円の株を10万株発行すれば、その企業は合計で10億円を調達できます（1万円×10万株＝10億円）。この資金を使って工場を建設したり、原材料を調達したりすることで製品を生産し、その製品を販売することで利益を上げます。このように、株主から集めたお金は、企業がビジネスを通してお金を稼ぐための元手となるので、「株主資本」と呼ばれます。

この「資本」という概念がヒューマン・キャピタルにも応用されているのです。ヒューマン・キャピタルとは、みなさんが持つ知識やスキル、時間や体力といった「資本」を活用して、人生というビジネスで価値を生み出す力のことを指します。

人間を資本とみなす考え方は、昔から存在していました。18世紀の経済学者アダム・スミスも、資本の一部として人間を挙げています。そもそも経済学では、「資本」とはお金に限らず、「お金を稼ぐための元手」となるものすべてを指します。例えば、店

を開くための "土地" や、商品を製造するための "工場" も、ビジネスでお金を稼ぐために必要な元手なので「資本」と呼ばれます。

そして、私たち人間自身も資本とみなすことができます。人間を、お金を生み出すための資本とみなした用語が「ヒューマン・キャピタル」です。ヒューマン・キャピタルという概念は、人間のお金を稼ぐ能力をモデル化（＝抽象化）したものだといえます。

▶ 人生設計に欠かせない視点

ヒューマン・キャピタルにはさまざまな要素が含まれます。仮に医者であれば、医学知識や手術のスキルが重要な要素です。営業担当者なら、商品知識や巧みなトーク術、次々と電話をかけ続ける精神力が求められます。株式トレーダーなら、企業を分析する力や市場を読む力が欠かせません。また、社長としての経験、大規模プロジェクトを成功させた実績、ITスキルなどもヒューマン・キャピタルを構成する大切な要素です。これらのスキルや経験が積み重なり、その人が持つヒューマン・キャピタルが形成されていきます。

こうした考え方は、人生を設計していくうえでも重要です。ヒューマン・キャピタルという概念を取り込んで人生設計を論じる経済学の理論もあって、「ライフサイクル・モデル」と呼ばれています。ライフサイクル・モデルは、人々がライフサイクルを通じて消費、貯蓄、投資の意思決定をしていくプロセスを研究する分野です。この分野の創始者はフランコ・モディリアーニという経済学者で、1985年にはノーベル経済学賞に選ばれました。

ライフサイクル・モデルのおもしろいところは、個人の資産は「ヒューマン・キャピタル」と「ファイナンシャル・キャピタル（預金や株式の金融資産）」の合計で表されると考えるところです。

▶ あと何年働くのか、老後はどうするのか

ヒューマン・キャピタルを一言でいうと、「今後受け取るだろう給料の価値」と考えて差し支えはありません。そのため、ヒューマン・キャピタルは年を重ねるごとに減少していきます。

例えば、22歳で働き始めて65歳でリタイアするとしたら、22歳時点のヒューマン・キャピタルは、定年までの43年間に受け取るであろう給料の価値に相当するので、大きな金額になります。

一方、その人があと1年で定年退職の予定であり、かつ今後働く予定もないとすると、ヒューマン・キャピタルは1年分の給料の価値になります。言い換えると、人は、ヒューマン・キャピタルを実際のお金（給料や報酬）に変換しながら生活しているといえます。

ヒューマン・キャピタルは次第に減っていくので、稼いだお金の一部を貯蓄や投資にまわすことでファイナンシャル・キャピタルを形成し、老後に備えなければなりません。このように考えると、資産形成とは、ヒューマン・キャピタルをファイナンシャル・キャピタルに置き換えていくプロセスといえます（年金もヒューマン・キャピタルがファイナンシャル・キャピタルに置き換わったものとみなせます）。

▶ 自分の仕事は安定的か、リスクが高いか

ヒューマン・キャピタルとファイナンシャル・キャピタルの関

係を考えると、いろいろな考察ができます。例えば、「資産運用で何に投資すべきか」の判断と、みなさん自身の「職業」との間には、何か関係があると思いますか？　一見して関係はなさそうですが、ちょっと考えてみてください。

　当然ですが、ヒューマン・キャピタルは、給料に変化があれば変わります（個人事業主や自営業の方は、所得に置き換えて読んでいただければと思います）。しかし、給料の額がどれくらい安定しているかは、人によってかなり違うでしょう。

　例えば公務員は、リストラの危険が低く給料も安定しているため、収入の金額があまり変動しません。これと似た性質を持つ金融商品としては、トヨタなど信用力の高い企業が発行する社債が挙げられます。

　社債とは、企業が投資家からお金を借りる手段の1つです。資金を調達したい企業が社債を販売し、投資家がそれを購入します。社債を購入するということは、その企業にお金を貸すことと同じ意味になります。企業はそのお金を借りている間、定期的に利息を支払い、そして満期日（返済期日）には貸したお金をすべて返済します。

　信用力の高い企業が発行した社債であれば、利息の支払いが滞る心配も少ないでしょう。つまり、予定した通りの金額が支払われていくわけです。同じように、公務員の給料は変動が少なく、ほぼ想定通りの金額が振り込まれていきます。こうした意味で、公務員のヒューマン・キャピタルは、信用力の高い企業が発行する債券に似た性質を持っています。したがって、金融資産の方では、株式など比較的リスクの高い資産を多めに持っても大丈夫だ

と考えることができます。

　一方、株式トレーダーを職業としている人は、報酬が株式トレーディングからの収益に連動しているため、給料が株式市場の動向に大きく影響を受けます。つまり、ヒューマン・キャピタルと株式市場が強く連動しているわけです。その場合、金融資産として株式を持ちすぎるのは避けた方がいいでしょう。株式のリスクは、ヒューマン・キャピタルの方で十分に取っているからです。そのため、金融資産の方では債券など安全性の高い資産への配分を大きめにして、安全性を重視した運用を心がけた方がよさそうです。

　このように、金融資産（ファイナンシャル・キャピタル）だけを見るのではなく、ヒューマン・キャピタルも考慮に入れて資産形成の計画を立てるのがより望ましいといわれています。ファイナンシャル・キャピタルとヒューマン・キャピタルの合計を「トータル・ウェルス（Total Wealth）」と呼びますが、ファイナンシャル・キャピタルだけを見るのではなく、==トータル・ウェルスを考えた方が視野が広がる==ということです。

▶ ヒューマン・キャピタルは高められる

　もう１つの大切なポイントは、ヒューマン・キャピタルは、自分の努力次第で高めることができるということです。最近は、時代に合わせて技術を学び直す「リスキリング」の重要さが盛んに叫ばれていますが、これなどはまさに、ヒューマン・キャピタルを高める行いです。

　また、最近は仕事にAI（人工知能）を取り入れる人も増えてい

ますが、AIの活用で仕事の生産性を上げるのも、ヒューマン・キャピタルの増加をもたらします。例えば、AIで事務処理を自動化したり、アイデア出しの壁打ち役としてAIを使ったりなどして、自分自身の「稼ぐ力」の向上に活用できるからです。

▶ 共働きのルール ～卵は1つのカゴに盛るな～

また、自分のヒューマン・キャピタルだけでなく、身近な人のヒューマン・キャピタルを考えることも同じくらい重要です。

資産運用の世界には、「卵は1つのカゴに盛るな」という格言があります。持っているすべての卵を1つのカゴに盛ると、そのカゴを落としたときにすべての卵が割れてしまいます。しかし、卵を複数のカゴに分けておけば、そのうちの1つを落としても他のカゴに入った卵は割れずにすみます。ここでは、卵は投資資金、カゴは投資対象（株式など）の比喩になっています。資金をいろいろな資産に分散投資していれば、そのうち一部が暴落しても被害を抑えられるという意味であり、分散投資の重要性を説く格言です。

この考え方を応用すると、共働きは、家計のヒューマン・キャピタルの安定性を高める効果があるといえます。というのも、夫婦のどちらか一方だけ働いている状況では、働いている側に何かあれば収入がなくなってしまう危険性があるからです。共働きで、

両方に「稼ぐ力」があれば、仮に一方が失業によって収入を失っても、もう一方が支えることで持ちこたえられる可能性が高くなります。つまり、**サバイバル力が増す**わけです。この効果は、経済学的にいえば、複数のヒューマン・キャピタルがあることで「分散効果（影響度が分散されることで、一方が不調のときに全体がダメになってしまいにくくなる効果）」が効くのだと解釈できます。

▶ ヒューマン・キャピタルと生命保険

　ヒューマン・キャピタルという考え方は、少し抽象的に感じるかもしれませんが、実は私たちの身近なところにも関わっています。その1例が「生命保険」です。生命保険は、何らかの理由でヒューマン・キャピタルが失われたときに、その価値をお金（ファイナンシャル・キャピタル）で代替するための契約です。つまり、生命保険はヒューマン・キャピタルを守るための手段といえるのです。

　日本では、生命保険の世帯加入率は9割近くに達しているので、多くの人は何らかの形で生命保険に入っていることでしょう。けれども、自分がどんな保険に入っているのかは、忘れてしまっている人も多いのではないでしょうか。なかには、保険料を払いすぎている人もいるかもしれません。

　生命保険にはいくつかの種類がありますが、代表的なものに「終身保険」と「定期保険」があります。終身保険は、一生涯にわたって保障が続く保険です。人は誰しもいつかは亡くなりますが、終身保険に加入していると、解約しない限り、いずれ家族が保険金を受け取ることになります。一方、定期保険は保障が一定期間（例えば10年）に限られる保険です。この場合、保障期間

中に被保険者が亡くならなければ、保険金は支払われず、それまでに支払った保険料は「掛け捨て」になります。

　同じ保障額で比べると、定期保険の保険料は終身保険よりも安くなります。これだけ聞くと、定期保険の方がお得に感じるかもしれませんが、そう簡単な話ではありません。

　例えば、30歳で10年間の定期保険に加入すると、40歳で契約が切れます。保障を続けるには、契約を更新する必要がありますが、そのときには年齢が上がっているため、保険料も以前より高くなります。年齢が上がると死亡率が高くなり、それに伴い保険金が支払われるリスクも高まるため、保険料が上昇するのです。

　さらに、保険には一般的に加入時の年齢制限があります。例えば、60歳が制限年齢だとすると、それ以降は定期保険の更新ができなくなってしまいます。そのため、長期的な保障を考えると、終身保険の方が有利な場合もあるのです。

　このように、終身保険と定期保険にはそれぞれメリットとデメリットがありますが、その中間的な選択肢として「収入保障保険」と呼ばれる保険商品があります。この保険は、毎月の給与収入を保障するものと考えるとイメージしやすいでしょう。

　例えば、「被保険者が亡くなった場合、保険会社が遺族に毎月30万円を支払う」というもので、もし被保険者が存命で働いていたら得られていたであろう月給を、保険が代わりに支払うしくみです。まさに、生命保険の本来の役割である**「ヒューマン・キャピタルを代替する」**という機能を忠実に**実現**した保険といえるでしょう。

▶ コスパのよい合理的な保険

　収入保障保険の魅力は、一般的に終身保険よりもかなり安い保険料で提供されている点にあります。その理由は、収入保障保険には支払い期間の上限が設けられているためです。この上限は、「被保険者が60歳になるまで」などのように契約書に明記されます。そのため、収入保障保険は年金のように生涯にわたる支払いを保証するものではなく、あくまで現役時代の収入を代替するための保険です。

　「60歳までの毎月30万円の支払い」を保障する契約の場合、被保険者が50歳で亡くなれば、その後の10年間、毎月30万円が振り込まれます（30万円×12カ月×10年＝計3600万円）。59歳で亡くなれば1年分の支払いしか受け取れません（30万円×12カ月×1年＝360万円）。この点が終身保険とは大きく異なります。終身保険では、例えば保障額が3000万円の場合、30歳で亡くなっても100歳で亡くなっても、3000万円の保険金が支払われます。

　一方、収入保障保険では、亡くなる年齢が遅くなるほど、受け取る総額が少なくなります。さらに、支払い期間が終了した後に亡くなった場合は、保険金は支払われません。仮に61歳で亡くなったとすると、収入保障保険では1円も受け取れない可能性があります（これはわかりやすく説明するための例であり、実際の金額や条件は契約内容によって異なります）。

　年齢が上がるにつれて保障額が減っていくことに不安を感じるかもしれませんが、このしくみのおかげで、一般的に収入保障保険は終身保険に比べてかなり安い保険料で提供されます。保険会社の視点では、保障額が年々減少するため、より低い保険料で提

供できるのです。

　そもそも生命保険は、家族の稼ぎ手が亡くなったときに、その後の生活費を補うためのものです。そして、年齢が上がるにつれて、**残りの人生で必要となる生活資金の総額は自然に減っていくはず**です。たとえ健康な人でも、余命は毎年減っていきます。これに伴い、今後必要となる生活費の総額も年齢とともに減少していくのです。

　このように、ヒューマン・キャピタルの考え方を取り入れた収入保障保険は、保険加入者にとってはコスパのよい合理的な選択肢の１つとなっています。

　生命保険会社の販売員にとっては、保険料の高い終身保険を契約してもらう方が自分の成績に繋がるため、収入保障保険がラインナップにあっても、積極的に提案してこないことがあるかもしれません。しかし、自分の一生に関わる重要な選択なので、保険会社に一度相談してみる価値はあるでしょう。

▶ 高額な買い物、見直さなくて大丈夫!?

　少し応用編ですが、収入保障保険に加えて、子どもの養育費や学費がかかる期間だけ定期保険を追加して手厚くする方法もあります。例えば、収入保障保険で生活費をカバーし、定期保険で学費を補うというイメージです（学費は学資保険でカバーする人もいます）。このように、自分や家族の状況に合わせて、最適な保険プラン（＝ヒューマン・キャピタルの代替計画）を考えてみるのが大切です。

いろいろとお話ししましたが、要するに「生命保険はヒューマン・キャピタルを代替するものである」と理解しておくことで、保険料を節約できる可能性があります。日本では、１世帯あたり年間で平均40万円近くの生命保険料を支払っていることが生命保険センターの調査で明らかになっており、生命保険は人生でもっとも高価な買い物の１つとされています。

　例えば、年間40万円を50年間支払うと総額で2000万円、まるで高級車を購入するような金額になります。それほど高額なものにもかかわらず、家や車を購入する際ほど真剣に検討や比較をせずに保険に加入しているケースが多いのではないでしょうか。この機会に、自分が契約している生命保険について、説明資料を取り出して確認してみるといいかもしれません。

「ヒューマン・キャピタル」からわかる人生のヒント

☑ 自分を資産と捉えよう：

自分自身を資産（ヒューマン・キャピタル）として考え、金融資産（ファイナンシャル・キャピタル）と合わせたトータル・ウェルスで考える視点を持とう。

☑ 自己投資で価値を高めよう：

自分の持ち物のなかで、いちばん高価なものは実はあなた自身である。リスキリングやAIの活用などの工夫によって、自分自身のヒューマン・キャピタルを高めていこう。

☑ 生命保険を見直そう：

生命保険をヒューマン・キャピタルの代替であると捉えると、保険料の払い過ぎに気づきやすくなる。保険は人生でもっとも高い買い物の1つといわれているので、家や車を買うときのように真剣に考えてみよう。

第3章 仕事・働き方

NPV法

未来を考えたお金の使い方をしていますか？

　将来を考えながらお金を使うのは、とても難しいものです。投資や資格の勉強にお金をまわそうとしても、気がついたら流行りの服やお酒などを買ってしまうという経験は、誰にでもあるのではないでしょうか。

　私も意志薄弱な方で、お酒は一滴も飲めないのですが、甘いものが大好きで、いつも誘惑と戦っています。仕事でストレスがたまると、ついチョコレートやケーキを買って食べてしまうのです。1回あたりの金額はたいしたことありませんが、そうやって頻繁に誘惑に負けてしまうので、長い目で見ればかなりの金額をスイーツに捧げてしまっています。

▶ ついつい目先の利益を求めがち

　「朝三暮四」という言葉がありますが、これは人や動物が目先の利益にとらわれやすいことを表しています。中国の戦国時代の書物『列子』に書かれていた逸話がもとになっていて、ある人が猿たちに、「どんぐりを朝に三つ、夕方に四つやろう」というと、猿たちは怒り出しました。そこで、「どんぐりを朝に四つ、夕方に三つやろう」というと、猿たちはひれ伏して喜んだというものです。

　このように、人間（や動物）はどうしても目先の利益や快楽を優先してしまう性質があるようです。普段はそれほど困らないか

もしれませんが、ビジネスではそうもいきません。企業は、5年後や10年後を見据えて行動しないと競争に勝てないからです。新しい技術に早いうちから目をつけて、将来の事業化のために投資するなど、**先を見据えた思考や判断が必要**になります。

　そこでビジネスの世界では、将来を見据えて行動するための考え方のフレームワークが使われています。そのうちの代表的なものの1つが「NPV法」です。

　NPV法とは、正式にはNet Present Value法といい、日本語に訳すと「正味現在価値法」となります。その投資の「コスト」と「利益」を比較して、正味でどれくらい価値がある投資なのかを考える方法です。平たくいえば、投資の利益がコストを上回るかどうかを予想し、その投資をやるべきか否かを判断します。企業のプロジェクトの実施可否の判断や、M&Aの意思決定などに使われますが、お金の使い方を考えるうえで役立つ発想が散りばめられているので紹介したいと思います。

▶ NPV法の発想 〜予算獲得はストーリーが大切〜

　NPV法は通常、複数のプロジェクト案があるときに、どれを採用するかを決めるための判断材料の1つとして使われます。プロジェクトAとプロジェクトBがあるとしたら、それぞれの「コスト」と「利益」を見比べて、どちらが魅力的かを判断するとい

うことです。もちろん、候補のプロジェクトが3つ以上の場合も対応できます。

　以上が一般的な使われ方ですが、実はそれだけではなく、財布のひもを握る人にお金を出してもらうために「未来に目を向けさせる」という隠された役割もあります。

　例えば、ある商品を製造するための機械の購入を計画しているとしましょう。その機械は1億円で、購入のために社長の決裁が必要です。そこで社長に説明にいくと、「こんなに高い機械、買えるわけがないだろう！」と一蹴されてしまいました。さて、社長を説得するために、みなさんならどうしますか？

　社長はおそらく、1億円という目先の費用の高さに驚いたのでしょう。しかし、1億円の投資が将来の利益を生むのであれば、その利益も含めて投資の価値を判断する必要があります。仮に、「この機械は商品Aの製造に使われ、商品Aを売ることで得られる利益は年間5000万円の見込みです。ですので、機械の購入コストは2年間で回収でき、その後は利益が積み上がります」という説明をすれば、社長の受ける印象は変わるでしょう。

　このように、上司や経理部へ予算獲得の交渉をするときは、その投資が<mark>将来どんなメリットをもたらすかというストーリー</mark>を伝えれば、少なくとも門前払いは避けられると思います。

　新商品販売のような儲け話でなくても、本質は同じです。事務システムの導入であれば「このシステムは年間2000万円のランニングコストを必要としますが、導入によって従業員の残業時間が減ることで年間3000万円の人件費（残業代）削減に繋がるため、正味で年間1000万円の経費削減効果が見込まれます」などと説

明するわけです。

　NPV法の発想がわかったところで、ここからはNPV法の思考ステップを、順を追って解説していきます。

▶ NPV法マスターへの道①
なんでもお金の流れ（＝キャッシュフロー）で考える

　もっとも基本的な考え方は、物事を「お金の流れ（キャッシュフロー）に置き換えて考える」というものです。ビジネスの話では、お金の流れがどうなっているのかを知ることが何より大切なのです。

　では、少し唐突ですが、牛を例に考えてみましょう。牛乳やビーフステーキなど世界中で愛されている、あの動物です。「牛」をキャッシュフローで考えると、どうなるでしょう？

　牛といえば、まずは牛乳ですよね。牛乳は、直接飲んだり、乳製品の原料になったりと、いろいろなところで使われています。そこで、仮に牛1頭のお乳を搾って売ることで、年間20万円の利益が得られるとしましょう。寿命は乳を出し始めてから5年とします。また、（少し残酷ですが）5年後には肉用牛として売却することで50万円の利益が得られるとしましょう。

　このように考えると、牛をキャッシュフローに置き換えることができます。つまり、最初の4年間は毎年20万円ずつの利益がでて、5年目は70万円（牛乳からの利益20万円＋肉用牛として売却した際の利益50万円）の利益となります。この場合、牛1頭から得られる利益は総額150万円（20万円×4年間＋70万円）になります。

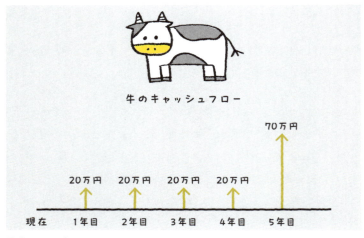

図表２５　牛のキャッシュフロー

　こうしてキャッシュフローに置き換えて考えることは、ビジネスの意思決定にとって重要です。例えば、この牛が市場で200万円で売られていたならば、買わない方が賢明でしょう。というのも、この牛から将来にわたって得られる利益が150万円なのに、それを200万円で買うのは損だからです。

▶ NPV法マスターへの道②
将来受け取れるお金は、現在のお金の価値に換算する

　牛から総額150万円のキャッシュフローが得られることがわかりました。では、この牛が市場において150万円で売られていたら、妥当な価格といえるのでしょうか？　答えは「ノー」です。なぜなら、150万円が今すぐに手に入るわけではなく、5年間を待たないと全額は手に入らないため、その分の"不便さ"を考慮して価値を割り引いて考えなければならないからです。

なぜ、**すぐに入ってこないお金を"不便"と考える**のかといえば、手元にないお金は投資に使えないからです。お金とは本来、単に銀行に預けておくだけでも増えていくものです。

　仮に手元に150万円があって、それを預金金利1％で銀行に預けておけば、1年後には1万5000円の利息が得られます。もっと利回りの高い運用商品に投資すれば、もっと増やすことができるかもしれません。つまり、現在手元にあるお金は、貯蓄や投資によって増やしていくことができるので、将来得られるお金よりも価値が高いのです。

　では、数字の変化がわかりやすいように、預金金利を仮に5％としてみましょう。手元にある150万円を預けると、1年後には7万5000円（＝150万円×5%）の利子が振り込まれて157万5000円になります。

　さらに2年目も預けておくと、7万7875円（＝157万5000円×5%）の利子が振り込まれて165万3750円になります。この調子で5年間預けておくと、191万4422円になります。

　つまり、預金金利が5％の世の中では、単に銀行にお金を預けておくだけで、150万円を5年間で191万円にできます。もちろん、現実の金利がこの例より高くても低くても、基本的には同じ考え方を当てはめることができます。

　以上のように、預金金利が5％の世の中では、今の150万円と、5年後に得られる191万円は同じ価値を持つと考えることができます。見方を変えれば、5年後に得られる191万円は、現在手元にあるお金で換算すると150万円分の価値しかないということです。ということは、同じ金額であれば、早く手に入るほど価値が

高いということになります。

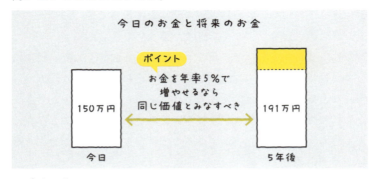

ポイント
　手元にあるお金は貯蓄や投資で増やしていけるので、将来入ってくるお金よりも価値が高い。将来入ってくるお金は、手に入るタイミングが早いほど価値が高い。

　お金は「手に入るタイミングが早い」ほど、「価値が高くなる」という考え方を学びました。そこで、「将来得られるお金の価値」を、「現在手元にあるお金の価値」に換算して測ってみます。そのためには、キャッシュフローの金額を、先ほどのような手順で割り引くことで、現在手元にあるお金の価値に換算します。このように、「キャッシュフロー」を「現在手元にあるお金の価値」に換算した値のことを、キャッシュフローの「割引現在価値」と呼びます。「割り引くことで現在手元にあるお金に換算した価値」という意味です。

　割引現在価値は、キャッシュフローの「値段」と考えるとわかりやすいでしょう。**得られるまでに時間がかかるキャッシュフローほど、すぐに使えなくて不便なので、値段が安くなる**ということです。

▶ NPV法マスターへの道③
ハードルレート（採算割れライン）を意識する

キャッシュフローの「値段」つまり割引現在価値は、どうやって決まるのでしょうか？　割引現在価値というと難しそうな名前ですが、計算自体は難しくありません。スーパーでは賞味期限が切れかけている食材に割引シールが貼られますが、それと同じように、キャッシュフローをもとの金額から割り引いて考えるというだけの話です。

では、割引率はどうやって決めるのでしょうか？　スーパーでは、どの品物にどの割引シール（10%、30%、50%……）を貼るかはお店の方針で決まっているのでしょう。同様に、キャッシュフローの割引率をどうするかも会社によって変わります。

1つの考え方としては、既に説明したような銀行の預金金利を使う方法があります。しかし、企業のトップは銀行預金と同じ利益しか生み出せない部署や投資プロジェクトに価値を感じないでしょう。

なぜなら、その部署を解体して浮いた資金を銀行に預けるだけで、同じ金利分の利益を確保できるからです。加えて、解体した部署のリソースを新しいビジネスに活用し、より高い収益を目指すという戦略も考えられます。こうした理由から、NPV法でキャッシュフローを割り引く際の割引率は、銀行預金の金利よりも高く設定されるのが一般的です。その投資が最低限達成すべき収益率を「ハードルレート」と呼び、それを基準にします。「ハードルレート（hurdle rate）」の語源は、英語の「hurdle（障害・ハードル）」に由来しており、投資プロジェクトが「乗り越えるべき最

第
3
章

仕事・働き方

低基準」を指しています。

　ハードルレートは、少なくとも採算が取れるレベルでなければなりません。その理由は、企業が新しいプロジェクトに投資するときには、資金をどこかから調達しなければならないからです。例えば、株式を発行して資金を集めたり、銀行から融資を受けたりするでしょう。

　しかし、これには代償が伴います。株主には配当を、銀行などの債権者には利息を支払わなければなりません。こうした資金を提供してもらうために企業が負担するコストを「資本コスト」と呼びますが、ハードルレートはこの資本コストを上回る必要があります。もしそれができなければ、プロジェクトは採算割れを起こしてしまうのです。

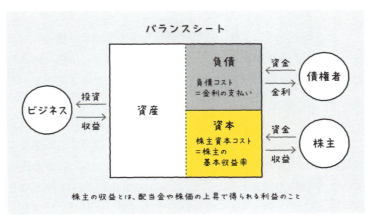

図表26　ビジネスと資金調達の関係
出典：『投資と金融がわかりたい人のためのファイナンス理論入門』
　　　（冨島佑允、CCCメディアハウス、2018）

▶ NPV法マスターへの道④
NPVを計算する

　NPV法の思考法を一通り説明してきました。最後に、具体例でイメージをつかみましょう。

　あるお菓子メーカーが、新しいクッキーを開発するとします。このプロジェクトにどれだけの資金を投じるべきかを判断するために、NPV法を使います。キャッシュフローの予測は次の通りです。

【キャッシュフローの予測】
現在：開発費用として1000万円
1年目：広告費用として100万円
2年目：クッキーの売上から得られる利益として1400万円

　次に、ハードルレートを設定します。資本コストは会社によって違うので、ハードルレートをどれくらいの水準にするのかも、会社によって異なります。また、リスクが高い（成功の可能性が低い）プロジェクトほど、ハードルレートを高くするのが一般的です。リスクが高いプロジェクトは、成功した場合の利益が高くなければ割に合わないからです。
　ここでは仮に、ハードルレートを10%としましょう。

【キャッシュフローの予測】
現在：－1000万円（開発費用）
1年目：－100万円（広告費用）
2年目：1400万円（クッキー販売の利益）

第3章 仕事・働き方

それでは、これらのキャッシュフローの割引現在価値を出して
みます。まず、すぐに支払う1000万円は割り引く必要がないの
で、割引現在価値はそのまま1000万円になります。1年後に支
払う100万円は、ハードルレートの10%で割り引くと、100万円
÷1.1 ≒ 91万円 になります（端数切り上げ）。

　次に、2年目に利益として入ってくる1400万円の割引現在価
値を計算します。これは少し難しいですが、2年分あるので、ハー
ドルレートの10%で2回割り引く必要があります。つまり、
1400万円÷1.1÷1.1 ≒ 1157万円 です。

　最後に、各年のキャッシュフローの現在価値を合計します。こ
の値が、このプロジェクトのNPV（正味現在価値）です。NPVが正
であれば、このプロジェクトは価値がプラスであり、実施した方
がいいということになります。

クッキー開発プロジェクト

		キャッシュフロー	割引現在価値
現在	開発費用	−1000万円	−1000万円
1年目	広告費用	−100万円	−91万円
2年目	利益	+1400万円	+1157万円
NPV（= −1000 − 91 + 1157 = +66）			+66万円

　以上が、NPVを使った投資の意思決定プロセスです。ここで、
ちょっと「たられば」の話をします。仮に、2年目に得られる利
益の予想が1400万円ではなく1300万円だったら、どうなるでし
ょうか？　先ほどの手順を真似て計算してみると、次のようにな
ります。

クッキー開発プロジェクト（利益1300万円の場合）

		キャッシュフロー	割引現在価値
現在	開発費用	−1000万円	−1000万円
1年目	広告費用	−100万円	−91万円
2年目	利益	+1300万円	+1074万円
NPV（=−1000−91+1074=−17）			−17万円

　つまり、利益が1300万円ではNPVがマイナスになってしまうのです。NPVがマイナスということは、このプロジェクトの価値はマイナスであるため実施しない方がいいということを意味します。このことから、このクッキー開発プロジェクトは1400万円以上の利益が見込めるかどうかが実行可否の決め手になるということがわかります。

　NPV法はこのように、投資プロジェクトについていろいろな洞察をもたらしてくれる思考法です。もちろん、完璧な判断基準というわけではありません。キャッシュフローの予測には不確実性が伴いますし、特に長期間のプロジェクトではキャッシュフローの予測はより難しくなるでしょう。それでも、将来の成長のために勇気をもって財布の口を開くべきかどうかを判断する手助けをしてくれます。

「NPV 法」からわかる人生のヒント

☑ 未来を見据えよう:

今日のお金の使い方が、私たちの将来を形作る。だからこそ、何に投資するかを慎重に考えよう。短期的な満足にとらわれず、長期的な利益をもたらす選択肢を選ぶことが大切。例えば、日々の支出を見直してムダを削減し、その分を将来のリターンが期待できる投資や学びにまわせるといい。

☑ キャッシュフローを意識しよう:

投資の価値を考えるときは、お金の流れ（＝キャッシュフロー）に置き換えてみよう。家計管理や毎日の買い物では、その支出が将来どのような影響を及ぼすかを考え、費用対効果を意識することが大切になる。

☑ 説得力のあるストーリーを作ろう:

予算交渉では、将来の利益や効果を具体的な数字で示し、説得力のあるストーリーを伝えることが鍵になる。特に、相手にとってのメリットを明確にし、理解しやすい形で提示することで、合意を得るチャンスが高まる。

顧客生涯価値（CLV）
「お客様は神様です」という発想は
このままでも大丈夫!?

　「お客様は神様です」という有名なフレーズがありますが、誰が最初に言ったか知っていますか？　これは戦後昭和の代表的な歌手である三波春夫さんの言葉です。1961年、ある公演で司会者の宮尾たか志さんから「三波さんはお客様をどう思いますか？」と問われた際に、「お客様は神様だと思いますね」と答えたのです。この発言に対する観客の反応が非常によかったため、このやり取りが定番となり、やがて広く知られるようになったといいます。

　このフレーズは、ビジネスにおける「顧客の重要性」を端的に表していると有名になり、日本のサービス界に広まりました。しかし、平成の後期になると、サービス業における労働環境問題や過剰なサービスが社会問題として浮上してきます。「お客様は神様です」という理念によって従業員は過度な要求やクレームに対応することになり、大きな負担を抱えてしまうと指摘されるようになりました。

▶ 過剰サービスの提供はツライから

令和の現代においては、過剰なサービスや顧客至上主義が従業員に多大なストレスを与え、労働条件の悪化を招くことが問題視されています。このため多くの企業が、顧客との関係をより対等なものにしようとするようになりました。

もちろん、日本に限らず、世界中の企業が顧客を大切にする姿勢を持っています。しかし、その考え方は従来の日本とは少し異なるようです。ここでは、顧客を大切にしつつも、より対等に付き合うための概念として「顧客生涯価値（Customer Lifetime Value, CLV）」を紹介します。

顧客生涯価値とは、端的には、1人の顧客が==生涯にわたって企業にもたらす総利益==といえます。

顧客生涯価値を活用することで、企業は短期的な利益を追い求めるのではなく、顧客との対等で長期的な信頼関係を築く戦略を取ることができます。そうなれば、企業は従業員の負担を軽減しながらも、顧客満足度を高めるバランスの取れた経営が実現できます。

▶「すべての顧客が大切」ではない

顧客生涯価値という概念が紹介されたのは、1988年に出版された『Database Marketing』（Robert Shaw と Merlin Stoneによる共著）という本が最初だとされます。

その後1990年代に入ると、エッジコンサルティング（Edge Consulting）やブランドサイエンス（BrandScience）といったアメリカの先進的企業がこの考え方を採用し始めました。これをきっかけに、顧客生涯価値の概念は徐々に産業界全体に普及していきま

した。

　顧客生涯価値という考え方は、「すべての顧客が同じくらい大切だ」という固定観念を捨てることから始まります。企業にとって、ある顧客は多くの利益をもたらす一方で、別の顧客はあまり利益をもたらさないことがあります。そこで、**もっとも収益性の高い顧客グループを見つけ出し、サービスの重点をそこに置く**ことが基本的な発想です。

▶ 顧客を繋ぎとめておくために必要なこと

　顧客生涯価値とは、簡単にいえば「1人の客がそのお店で一生の間にどれだけのお金を使うか」ということです。例えば、Aさんにお気に入りのアイスクリーム屋さんがあるとしましょう。月に1回そのお店を訪れ、1回あたり500円を使うとします。さらに、そのアイスクリーム屋さんに10年間通い続けた場合、その間に使うお金の総額が顧客生涯価値になります。

　では、具体例で計算してみましょう。計算に必要なのは、次の4つです。

① 平均購入額：1回の買い物でどれだけ使うか。
② 購入頻度：どれだけの頻度で買い物をするか。
③ 顧客としての寿命：その店をどれくらいの期間利用するか。
④ 顧客維持コスト：客として通い続けてもらうために店がする努力や工夫に必要な費用。

　ここで、「④顧客維持コスト」について詳しく説明します。これは、**既存の顧客が離れていかないようにするためにかかる**

==費用==のことです。例えば、顧客からの問い合わせやクレームに対応するためのカスタマーサポートセンターの運営費用、顧客の関心を保つためのポイント制度や割引などが該当します。

アイスクリーム屋さんが顧客離れを防ごうとすれば、定期的に新しいフレーバーのアイスを加える必要があるかもしれません。こうした新商品の開発やサービス向上のための費用も、顧客維持コストに含まれます。

▶ **CLVは具体的に計算できる**

これら①〜④を掛け合わせることで、アイスクリーム屋さんから見た、Aさんの顧客生涯価値が計算できます。

【アイスクリーム屋さんにとってのAさんのCLV】
① 平均購入額：500円
② 購入頻度：月に1回（年間12回）
③ 顧客としての寿命：10年間
④ 顧客維持コスト：年間1000円

この場合の顧客生涯価値は、次のような計算になります。

$$CLV = 平均購入額 \times 購入頻度 \times 顧客としての寿命 - 顧客維持コスト$$
$$= (500円 \times 12回 \times 10年) - (1000円 \times 10年) = 50000円$$

以上のように、基本的な発想はとてもシンプルです。実務では、経済学の知識を活用したさらに精緻な計算式を使いますが、基本的な考え方は変わりません。

▶ ビジネス上の戦略には欠かせない視点

　顧客生涯価値という考え方は、顧客を値踏みしているような印象を受けるかもしれません。しかし、こうした視点を持つことで、企業にとってもいいことがいろいろとあります。例えば、次のようなメリットです。

● マーケティング予算の最適化：収益性の高い（＝CLVの高い）顧客に重点的に予算を配分できる。
● 顧客維持の戦略立案：収益性の高い顧客を特定し、その顧客との関係を維持するための戦略を策定できる。
● 収益予測：顧客1人1人から得られる将来的な収益を予測することで、経営戦略が立てやすくなる。

　例えば、みなさんがファミレスのPR担当者だとしましょう。新しい顧客を獲得するために、どれくらいの広告費を投じるべきかを上司に提案しなければなりません。
　仮に、1人の新規顧客を獲得するのに広告費が1万円かかるとします。このとき、その顧客がお店にもたらす総利益、すなわちCLVが10万円だとすれば、1万円の投資で10万円の利益を期待できるので、この広告は効果的だといえるでしょう。

　しかし、もしその顧客のCLVが1万円以下であれば、広告費を削減する必要があります。このように、企業はどのマーケティン

グ活動がもっとも効果的かを判断し、 ==資源を効率的に配分する== 必要があります。

▶ 長期的なご贔屓を目指して

CLVの考え方に基づけば、サービス提供者はより長期的な視点で顧客との関係を考えることができます。つまり、1度に多くのお金を使ってくれる顧客だけを重視するのではなく、長くお付き合いができる顧客を大切にする方が、企業にとっても利益につながるという発想です。

このように、顧客との関係を1回の取引だけでなく、長期的なパートナーシップとして捉えます。長期的な視点を持つことで、企業は顧客と信頼関係を築き、贔屓にしてもらうことが基本となります。

さらに、この考え方は事業を経営していない会社勤めの人にとっても非常に役立つ視点です。例えば、仕事上の取引先との関係においても、単発の取り引きだけに注目するのではなく、信頼を積み重ね、長期的な協力関係を築くことが、最終的な成功に繋がります。長期的な視野によって、取り引きが続くたびに信頼が深まり、それが次の大きなビジネスチャンスへと繋がる可能性が高まるのです。

しかし、現実的には、すべての取引先が同じように重要というわけではありません。取り引きの頻度や規模、影響力によって、特に重視したい取引先と、それほどでもない取引先があるはずです。この視点も、まさに顧客生涯価値（CLV）の考え方と共通します。ビジネスパートナーとの関係をCLVの視点から捉えることで、どの取引先に注力すべきかが明確になります。さらに、 ==ム==

==ダなリソースの浪費を防ぎ、より効率的に業務を進める==助け
にもなります。

▶ 顧客生涯価値と「お客様は神様です」はどう違う？

　顧客生涯価値（CLV）と「お客様は神様です」という考え方は、
どちらも顧客を中心に据えたビジネス戦略ですが、そのアプロー
チや目的には違いがあります。

　CLVは、企業の利益を最大化することを目的とした「企業ファ
ースト」の考え方です。一方、「お客様は神様です」という考え
方は、すべての顧客に対して最高のサービスを提供するという
「顧客ファースト」のアプローチです。

　日本のサービス業が大切にしてきたのは「すべてのお客様が神
様です」という考え方であるのに対し、CLVの視点では「収益性
の高いお客様が神様です」という発想になります。

　日本のサービス業を令和時代に合わせてアップデートするのは
簡単ではありませんが、顧客生涯価値という数理モデルの視点を
取り入れることで、その突破口が見えてくるかもしれません。

「顧客生涯価値（CLV）」からわかる人生のヒント

☑ 長期的な視点が重要：

顧客生涯価値（CLV）は、長期的な目線で物事を考えることの大切さを教えてくれる。一度に多くのお金を使ってくれる顧客だけを重視するのではなく、長くお付き合いができる顧客を大切にするほうが、企業にとっても利益に繋がるはずである。

☑ 資源を有効活用しよう：

顧客生涯価値（CLV）は、すべての顧客が同じ価値をもつわけではないという認識のもと、収益性の高い顧客に重点を置くことで、限られたリソースを効果的に活用できるようにしたい。

☑ バランスも大切：

「お客様は神様です」という顧客至上主義が従業員に過度な負担をかけることが問題視されるなかで、CLVの発想は顧客との関係をより対等にし、従業員のストレスを軽減するものである。何事もバランスが大切で、このモデルを通して冷静に考えれば糸口が見えてくる。

秘書問題

「選べる」ことは嬉しいけれど、難しい!?

　みなさんは日常生活で選択を迫られる場面に何度も出くわしますよね。友人との昼食で何を食べるか、週末にどこへ行くか、スマホをどの機種にするかなど、些細なことでも常に選んでいます。また、長いこと生きていくと、人生を左右するような大きな選択もたくさんします。例えば、どの大学を志望するか、どの会社にエントリーシートを出すか、誰と結婚するか、どの家を買うかなど、挙げればキリがありません。

　私たちの社会では、選択の自由が保証されていますが、それは裏を返せば、自己責任でいろいろな決定を下さなければならないということでもあります。選択には、悩まずに済むものから、ものすごく悩むものまでありますが、いずれにせよ最善の選択をしたいものです。もし、最善の選択をする方法について、数学者からアドバイスがもらえるとしたら、ちょっと興味がわきませんか？

ここでは、そんな日常生活での選択に関連づけて、数学の世界でも有名な「秘書問題」を紹介します。これからの生活や人生で選択を迫られる場面に出くわしたとき、より賢い選択ができるかもしれませんよ。

▶ いちばん良い選択をしたい！

　そもそも秘書問題とは何でしょうか？　言葉だけでは理解しづらいので、身近な例を使って説明します。

　自分が「ある企業の社長」で、自分の秘書を採用するために求人サイトに広告を出したと想像してみてください。求人に応募してきた候補者から、秘書を1人選ぶことになりました。候補者たちのなかから最適な人材を選びたいですが、応募者全員のスキルや特性を完璧に把握することはできません。そこで、どの候補者が最適かを見極めるために、どのような方法を取るべきでしょうか？

　これが「秘書問題」です。この問題では、候補者全員を1人ずつ面接し、その場で採用するかどうかを決めなければなりません。そして、一度採用を見送ったら、その候補者を再び候補者にすることはできません。つまり、最適な秘書を見つけるためには、面接時の一発勝負で見極めなければならないのです。

　この秘書問題の状況設定は、私たちが人生で経験する選択の機会と2つの点で共通点があります。
　第一に、「判断を変えることの難しさ」です。ランチで注文したラーメンが口に合わなくても、食べかけのものをキャンセルしてメニューを変更することはできません。結婚や就職も、一度

選んだ対象を変える行為（離婚や転職）には相当なエネルギーが必要です。

第二に、「**リサーチの限界**」です。すべての選択肢を完全に調べ上げることは現実的ではなく、たいていは取り得るすべての選択肢のうちの一部しか調べることができません。結婚相手を選ぶときも、仮に世界中のすべての男性（約39億人）と付き合ってから決めようとすれば、寿命が尽きてしまうでしょう。ですから、秘書問題の考え方を身につけておけば、賢い決断に役立つのです。

▶ 人は、どうやって選んでいるか

さて、秘書問題の社長は、もっとも優秀な秘書を採用するために、どのような基準で候補者を選べばよいのでしょうか？　この問いに答えるために、数学的なアプローチを取り入れてみます。

まず、人が何かを選ぶときにはどんな方法を取っているでしょうか。

戦略１：すべての選択肢を検討したうえで選ぶ。
戦略２：最初に合格の基準を決めて、その基準を満たす候補が現れた時点で採用する。
戦略３：いくつかの選択肢を見て「目利き力」をつけてから選ぶ。

もっとも理想的なのが戦略1だということは、誰の目にも明らかでしょう。すべての選択肢について十分な情報が与えられていて、比較しながら選べる場合は、戦略1が使えます。例えば、レストランで料理を注文するときは、メニュー表を見れば注文できる料理の種類や内容がわかります。客は、それを見て比較検討しながら選択すればいいわけです。しかし、人生においては、すべての選択肢を十分に検討できる状況は少ないものです。ですので、

戦略1は理想的ではあるけれども、実際に使えるケースは限られています。

戦略2は、婚活をイメージするとわかりやすいと思います。例えば、相手の男性に対して「年齢35歳以下、年収500万以上、上場企業勤務または公務員」といった"合格基準"を設定し、その基準を満たす相手が現れた時点で結婚を決めます（もちろん、相手も自分を気に入ってくれて初めて結婚が成立するわけですが……）。この方法はシンプルですが、どうやって適切な合格基準を設定するかという問題が残ります。基準が低すぎたら、もっと優れた候補者を逃してしまうかもしれません。逆に基準が高すぎると、誰も合格しないという状況に陥る可能性があります。

最後の戦略3は、序盤の候補者を敢えて見送りながら「目利き力」を養い、その後の候補者から最良のものを探すという方法です。戦略1のようにすべての候補を把握しておく必要もなければ、戦略2のように合格基準をあらかじめ決める必要もありません。つまり、戦略3は限られた情報しかないなかでも使える、応用性の高い方法です。そして、秘書問題の解答はこの戦略3の考え方に基づいています。

▶ 目利き力をつけるための方法

秘書問題に戻ると、「候補者を1人ずつ面接し、そのなかから1人だけ自分の秘書を採用する」という課題に対して、注意深く考えれば、「最初の候補者は選ばない」方が賢明だとわかります。

というのも、最初の候補者には比較対象がないからです。よりよい戦略とは、最初の何人かの候補者を敢えて見送りながら、残りの候補者のための基準を設定することです。つまり、最初の数

人を不採用として、どれくらい優秀な人が応募してきているかのレベル感を確かめるのです。

では、最初の何人までを見送ればいいのでしょうか。

【見送る候補者が少なすぎる場合】

見送る人数が少なすぎると、残りの候補者の基準を設定するための十分な情報を得ることができません。

【見送る候補者が多すぎる場合】

見送る人数が多すぎると、情報は十分に得られますが、潜在的な候補者の多くを使い果たしてしまいます。これにより選択肢が非常に少なくなり、不利な状況に陥ります。

このように考えていくと、「見送る人数は多すぎても少なすぎてもダメ」であることがわかります。では、どれくらい見送るのがいいのでしょうか？ 1割なのか、3割なのか、5割なのか……。

こればかりは直感的に答えを導き出すことができませんので、

数学の出番です。結論をいうと、4割弱（正確には37%）を見送るのがベストです。候補が15人いる場合は、最初の6人を見送るということになります。

ここで、秘書問題の正確な解答を見てみましょう。

秘書問題の解答
1 最初の37%の候補者は不採用にする。
2 最初の37%の候補者のなかで、いちばん良かった人を覚えておく。
3 それ以降の候補者のなかで、「最初の37%のなかでいちばん良かった人」を上回る人が現れたら、採用する。

つまり、序盤の4割弱の候補者を敢えて不採用にすることで、**候補者のレベル感を学んで「目利き力」をつけ**、その目利き力を頼りに残りの候補者を選別します。

この結論は、直感的にも納得感があるのではないでしょうか。全体の4割弱を見れば、確かに候補者全体のレベル感がわかりそうです。反対に、前半の5割以上の候補者を無条件で落としてしまうと、残された候補者がもとの半分以下となり、選択肢がかなり減ってしまいます。ですので、結果として4割弱がスイートスポットということです。

▶「目利き力」は広く応用できる

　この考え方のエッセンスは、いろいろなところで応用できます。例えば婚活では、最初にお見合いをした相手を気に入っても、本格的なお付き合いを保留するという選択肢があるかもしれません。他の何人かとも数回のデートをして「目利き力」をつけ、その後の候補から本命を選ぶという戦略がありえそうです。

　住宅購入や賃貸物件探しの際にも応用できます。最初に予算内の物件をいくつか見学してみて、予算の範囲でどのレベルの物件が選べるのかを把握することが大切です。そうしたレベル感を身につけておけば、次に出会う物件が予算対比で魅力的かどうかを判断しやすくなります。

　また、就職活動や転職活動のときにも役立ちます。まず何社かの面接を受けてみて、その過程で面接官の反応を通じて自分の市場価値を探ってみます。この情報をもとに、自分の適性や市場価値に見合った企業を探していくことができます。

▶ 秘書問題の数学的な考え方
〜より詳しく知りたいときに〜

　最後に、秘書問題の数学的な証明の概要を紹介します。秘書問題を人生の決断に活用していくうえで、この証明を理解する必要は必ずしもないのですが、興味があればぜひ挑戦してみてください。

【問題設定】

　社長であるあなたは、秘書の求人に応募してきた候補者のなかから1人を採用します。あなたは1人ずつと面接を行い、その場

で採用か不採用かを決定しなければなりません。そして、不採用
にした候補者を後から採用することはできません。最適な候補者
を採用するために、どのような方法を取るべきでしょうか？

【解答】

「応募者全体のうち、最初の37%は採用せずに見送る。その後、
残りの面接で、最初の37%のなかでいちばん優秀だった人よりも
優れた候補者に出会ったら即採用する」という戦略を取るとよい。

【証明】

応募者の総数をn人とし、最良の候補者がi番目にいるとします。まずは候補者のレベル感を把握するため、最初のk番目までの候補者は敢えて不採用とします。そして、最初のk番目までの候補者のなかでもっとも良かった候補者を覚えておき、$k+1$番目以降でそれより良い候補者に出会ったら即採用するという戦略を取ります。

このとき、最良の候補者が選ばれる可能性があるのは、最良の候補者が「$k+1$番目からn番目の間」にいるときだけです。なぜならば、k番目までは無条件で不合格なので、最良の候補者が1番目からk番目の間にいると無条件で落とされてしまうためです。これが第一の条件です。

第二の条件として、$i-1$番目までででもっとも優秀な候補者が、最初のk番目までにいる必要があります。この状況で、k番目まででもっとも優秀だった候補者を基準として、$k+1$番目以降でそれよりも優秀な人を探していくと、最初に出くわすのは最良の候補者となり、結果として最良の候補者が選ばれるためです。

つまり、最良の候補者が選ばれるのは、以下の①かつ②が満たされたときです。図にすると、**図表27**のような状況です。

最良の候補者が選ばれるための条件
① 最良の候補者が$k+1$番目からn番目の間にいる。
② 最良の候補者をi番目とすると、$i-1$番目までの候補者のうち、もっとも優秀な候補者が1番目からk番目の間にいる。

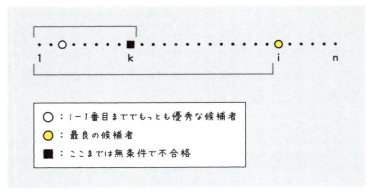

図表27　候補者を選ぶ考え方

　まず条件①から考えると、候補者は全部でn人いるので、i番目が最良の候補者である確率は単純に$1/n$です。そしてiは、$k+1$からnまでのいずれかの値をとります。
　次に条件②を考えると、$i-1$番目までの中で最良の候補者がk番目までにいる確率は、

$k/(i-1)$

となります。以上から、最良の候補者が選ばれる確率$Pn(k)$は、

$$Pn(k) = \sum_{i=k+1}^{n}（i番目が最良の候補者のときに、i-1番目まででもっとも優秀な候補者がk番目までにいる確率）$$
$$\times（i番目が最良の候補者である確率）$$
$$= \sum_{i=k+1}^{n} \left(\frac{k}{i-1}\right) \times \left(\frac{1}{n}\right)$$

となります。これで最良の候補者を選べる確率を数式にすることができました。私たちは、最良の候補者を選べる確率をできるだけ高くしたいと考えています。ということは、この数式がもっとも大きな値をとるのはどんなときかを調べる必要があります。そこで、この数式のグラフを書いてみて、グラフのどの位置で確率が最大になるかを調べてみましょう。

この数式をグラフにしてみると、**図表28**のような山型になります。このグラフの縦軸である$Pn(k)$は、最良の候補者を選べる

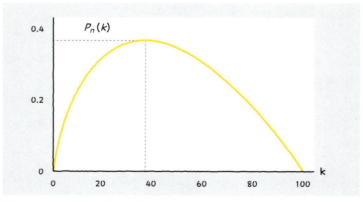

図表28 $Pn(k)$のグラフ（$n=100$のとき）

確率を表しています。そのため、$Pn(k)$がもっとも高くなるkの値、つまり、この山の頂上に対応するkの値がわかれば問題は解けたことになります。

　どの位置で$Pn(k)$が最大になるかはnの値によって異なるのですが、nの値が大きくなるにつれて、$Pn(k)$が最大になるkの値はnの37%の地点（つまりk/nが0.37付近になる位置）に収束していきます。**図表29**は、その収束の様子を表したものです。$Pn(k)$のピークの位置が37%地点に収束していくことは数学的にも証明できるのですが、証明には微分積分を使う必要があり専門的なので、ここでは省略します。

① 応募者数 (n)	② $P_n(k)$ が最大となる k の値	k/n (② ÷ ①)
5	2	0.400
10	3	0.300
20	7	0.350
30	11	0.367
40	15	0.375
50	18	0.360
60	22	0.367
70	26	0.371
80	29	0.363
90	33	0.367
100	37	0.370
……	……	……

図表29　$Pn(k)$のピークの位置

「秘書問題」からわかる人生のヒント

☑ 完璧を追求せず、ベストなタイミングで決断しよう：

日常生活やビジネスでの決断においては、限られた情報のなかで最善の選択をする力が求められる。すべての選択肢を検討できていなくても、思い切って決断を下す胆力が大切である。

☑ 目利き力を養おう：

最初にいくつかを見てみて、候補全体のレベル感をつかむ戦略が有効。「目利き力」を養うプロセスは、情報が不完全な状況でよい選択肢を見つけるための重要な技術である。

☑ 候補をどれくらい見るか：

候補全体の4割程度（正確には37％）を見てから判断するのが数学的には最適といわれる。現実で直面する選択は秘書問題ほどシンプルではないかもしれないが、候補をどれだけ見るべきかと悩むときに、4割は1つの目安になる。

私が数学を好きになった
きっかけ❸:
金融との出会い

　大学院時代、私は東京大学素粒子物理国際研究センター（ICEPP）と欧州原子核研究機構（CERN）を行き来しながら「超対称性粒子」の研究を行っていました。超対称性粒子は、理論物理学者によって存在が予言されている未発見の新粒子で、その解明によって宇宙の成り立ちや物質の性質に対する理解が深まると考えられています。

　例えば、宇宙に存在するとされるダークマター（暗黒物質）の正体を説明する鍵となるかもしれません。この研究は非常に魅力的で、物理学の最前線に立っている実感がありました。

　しかし、研究を続けるなかで、私は次第に「より人間の世の中と直接リンクした仕事に携わりたい」という思いを強く持つようになりました。学問的な探究心は満たされていたものの、社会に直接的に貢献することへの欲求が高まっていったのです。ちょうどその頃、メガバンクがクオンツ（金融工学の専門家）の枠を設けて理系大学院生の採用を始めていたことを知り、私はその道に進むことを決意しました。金融の世界での仕事は、私がこれまで培ってきた数理的な素養を実社会で生かす絶好の機会だと感じました。また、金融市場や

経済の動向を分析し、未来を予測するというダイナミックな仕事に魅力を感じたというのもありました。

　金融の世界では、非常に数学を使います。資産配分、リスク管理、金融派生商品、さらにはAIによる市場予想など、あらゆる側面に数学が深く関わっています。例えば、ノーベル経済学賞の対象にもなった「現代ポートフォリオ理論（MPT）」は資産配分の基礎となる理論であり、リスクとリターンのバランスを取るために数式が駆使されます。また、金融派生商品の価格決定には、ブラック・ショールズ方程式などの高度な数理モデルが使用されます。これらの数式やモデルは、金融市場の複雑な動きを解明し、予測するための強力なツールです。

　物理学の世界では、実験が非常に重視されます。理論がいかに美しく整合していても、実験結果と合わなければその理論は棄却されます。この厳格な実証主義は、物理学の進展を支える重要な原則です。私がCERNで超対称性粒子の研究を行っていたときも、理論と実験の間で絶えず行き来しながら、真理を追究する日々を送りました。

　しかし、金融の世界はそれよりもずっと流動的です。資産配分などについての代表的な理論はあるものの、みんながそれを信じているわけではなく、専門家のなかでもさまざまな解釈や投資哲学があります。例えば、現代ポートフォリオ理論（MPT）は広く認知されていますが、それに対する批判や代替理論も存在します。市場の不確実性や予測の難しさから、多くのプロフェッショナルが独自の視点やアプローチを

持っており、同じ問題に対して異なる解決策を見出すのです。

　このような金融の世界では、数式を使って独自の工夫をしていく余地が多々あります。つまり、「自分の色を出す」余地があるのです。数学的なモデルを使って新しい投資戦略を開発したり、既存の理論を独自に改良したりすることが可能です。この自由度こそが、私が「金融×数学」に抱く最大の魅力です。金融の世界においては、数学は、決して１つの正解に縛られることなく、無限の可能性を秘めています。

　こうして私は、数学を通じて自己表現することの喜びを知りました。数式は単なる記号の集まりではなく、人間の思考やアイデアを具体化する手段です。数学は私の道具であると同時に、私の表現の一部です。その可能性を信じて、これからも歩み続けていきたいと思っています。

第 4 章

心の持ち方・人間関係

ゲーム理論
人間同士の「駆け引き」を解き明かす
数学理論

プロスペクト理論
失敗を認められることの大切さ

ネットワーク理論
効果的な人脈づくりに役立つ数学

説明スタイル
マーティン・セリグマンの
「心の声に反論せよ！」

コラム04
フロネシスとエピステーメ

ゲーム理論

人間同士の「駆け引き」を解き明かす数学理論

　ひとことで「数学」といっても、そのなかにはさまざまな分野があります。例えば、図形の"カタチ"について研究するのは「幾何学」ですし、高校で学ぶ微分積分学も数学の1分野です。わからない値をxやyなどの文字で置いて計算する「代数学」という分野もあります。

　このように幅広い数学の世界には、「ゲーム理論」と呼ばれる、人間同士の駆け引きを扱う興味深い分野があるのをご存じでしょうか。

　「ゲーム」という言葉を聞くと、スポーツや将棋、ビデオゲームなど、娯楽や競技を思い浮かべることが多いですよね。しかし、ゲーム理論における「ゲーム」という言葉は、少し違った意味で使われています。

▶ 世の中には駆け引きがいっぱいある

　ゲーム理論における「ゲーム」とは、複数の参加者が互いの考えや行動を読み合いながら、自分の行動を決める状況を指します。例えば、オークションでの競り合い、企業間の競争、国同士の外交政策や安全保障政策、PTAの役員決め、政治家の派閥争いなど、私たちの生活には駆け引きがたくさん存在します。これらの場面

では、参加者が互いに相手の出方を見ながら、どう行動すべきかを判断しています。このように、**人間同士の駆け引きをゲームになぞらえて客観的に分析する**のが「ゲーム理論」という分野です。

みなさんも、日常のさまざまな場面で駆け引きを経験しているのではないでしょうか。仕事や家庭、友人関係など、私たちのまわりには駆け引きが必要になる瞬間がたくさんあります。ですから、この話を読むことで、そうした状況でより賢く行動するためのヒントが得られるかもしれません。

ゲーム理論では、駆け引きの状況を「プレイヤー」「自然」「戦略」「利得」という4つの切り口から考えていきます。それぞれについて、具体例とともに説明します。

【プレイヤー】
ゲームの参加者のことです。仮に、自動車業界のシェア争いをテーマにする場合、プレイヤーはトヨタ、ホンダ、フォルクスワーゲンなどの自動車メーカーです。また、企業内での役員の座をめぐる派閥争いがテーマであれば、各派閥がプレイヤーとなります。遺産相続で揉めているなら、遺産をねらう親族たちがプレイヤーになるわけです。

【自然】

　参加者がコントロールできない「偶然の要素」を指します。例えば、サッカーの試合で先攻か後攻かを決める際に行うコイントス。コインの表と裏のどちらが出るかは、出場する選手や監督がコントロールできるものではありません。同様に、天候も人間にはコントロールできない要素です。

　歴史上の例では、永禄３年（1560年）の「桶狭間の戦い」で、織田信長の軍が豪雨を利用して奇襲をかけ、今川義元を討ちました。しかし、信長が天候を操ったわけではなく、偶然の豪雨を利用したのです。

　また、誰もが一度は「大金持ちの家に生まれたかった」と思ったことがあるかもしれませんが、親の年収や性格も子どもが選ぶことはできません。

　このように、ゲームの結果に影響をおよぼす偶然の要素のことを、ゲーム理論では「自然」と呼びます。また、偶然の要素もゲームのプレイヤーの１人としてとらえ、「偶然手番」や「０番目のプレイヤー」と呼ぶこともあります。

【戦略】

　ゲームのなかでプレイヤーが取り得る選択肢のことです。例えば、企業が製造戦略を考えるときには「増産・据え置き・減産」といった選択肢があります。じゃんけんでは、「グー・チョキ・パー」が選択肢です。動物のオス同士の縄張り争いでは、「戦う」か「逃げる」という選択肢があります。

【利得】

　ゲームの結果によってプレイヤーが得る成果や利益のことです。

プロテニスの試合では、勝者に賞金が与えられます。遺産相続の争いでは、最終的に自分が得た相続額が報酬とみなされます。また、企業同士のマーケットシェア争いなら、それぞれの企業が得たシェアが報酬とみなせます。

　以上のように、**状況を4つの切り口で整理していけば、自分の置かれた立場を俯瞰的に理解する**ことができます。プレイヤーは誰か、偶然に左右される要素（自然）は何か、どのような戦略が考えられるか、得られるもの（利得）は何か、といった観点です。

▶ 合理的な選択のはずなのに!?

　おもしろいことに、ゲーム理論においては「個々のプレイヤーが合理的な戦略を取った」としても、「必ずしも最良の状態にはならない場合がある」ことが理論的に示されています。そうした状況を示す有名な思考実験として、1950年に数学者のアルバート・タッカーが考案した「囚人のジレンマ」があります。

> 囚人のジレンマ
> 　共犯の疑いがある2人の囚人AとBは、ともに懲役の判決を受けていたが、共犯であるかどうかはまだ自白していなかった。そこで、検事は共犯の事実を自白させるため、囚人A・Bに次の司法取引をもちかけた。
>
> ①　2人とも黙秘したら、証拠不十分として2人とも懲役1年。
> ②　1人だけが自白したら、自白した方はその場で釈放（つまり懲役0年）。もう1人の方は懲役3年。

③　２人とも自白したら、２人とも懲役２年。

　このとき、囚人Ａ・Ｂはそれぞれ黙秘すべきか、それとも自白すべきか？　ただし、ＡとＢは別々の独房にいるため互いに相談はできない。

　以上が、「囚人のジレンマ」と呼ばれる問題です。わかりやすいように、表を使って整理してみましょう。

　図表３０は、あり得るすべての利得のパターンを表にしたものです。刑期（ここでは懲役）が短いほど囚人は得になるので、囚人にとっての利得は「刑期（の短さ）」になります。こうした、あり得るすべてのパターンについて利得を示した一覧表を「利得表」といいます。

	囚人Ｂが黙秘	囚人Ｂが自白
囚人Ａが黙秘	囚人Ａ：懲役１年 囚人Ｂ：懲役１年 （２人あわせて２年）	囚人Ａ：懲役３年 囚人Ｂ：懲役０年 （２人あわせて３年）
囚人Ａが自白	囚人Ａ：懲役０年 囚人Ｂ：懲役３年 （２人あわせて３年）	囚人Ａ：懲役２年 囚人Ｂ：懲役２年 （２人あわせて４年）

図表３０　「囚人のジレンマ」の利得表

　図表３０の４つの選択肢のなかで、２人あわせた刑期がもっとも短いのは「２人とも黙秘」の選択肢です。この選択肢を選ぶと、囚人ＡもＢも刑期がそれぞれ１年になるので、２人あわせて２年で済みます。しかし、ＡとＢは連絡を取り合うことができないの

で、相手が黙秘するつもりなのかどうかを確認する術がありません。このような状況では、ＡとＢはどう判断するのが合理的といえるでしょうか？

▶ 相手の出方がわからないときは、どうする？

相手の行動がわからない状況では、「もし相手がこう動いたら、自分はこうしよう」などと、パターン分けをして考えるしかありません。では、まずは囚人Ａの立場から考えてみましょう。

最初に、囚人Ｂが「黙秘」を選ぶ場合を考えます。このとき、囚人Ａの懲役は「１年（Ａが黙秘を選んだ場合）」か「０年（Ａが自白を選んだ場合）」になります。囚人Ａは自分の懲役をなるべく短くしたいので、この場合は「自白」を選ぶ方が合理的ということになります。

次に、囚人Ｂが「自白」を選ぶ場合です。囚人Ａの懲役は「３年（Ａが黙秘を選んだ場合）」か「２年（Ａが自白を選んだ場合）」になります。この場合も、刑期を短くするためには「自白」を選んだ方が合理的です。

囚人Ｂの選択肢	囚人Ａの選択肢
囚人Ｂが黙秘	囚人Ａが黙秘：１年 囚人Ａが自白：０年 ← こちらの方が合理的
囚人Ｂが自白	囚人Ａが黙秘：３年 囚人Ａが自白：２年 ← こちらの方が合理的

図表３１　囚人Ａから見た合理的な選択肢

まとめると**図表31**のようになります。いずれにせよ、囚人A にとっては「自白」が合理的な選択肢となるということです。

　AとBの立場を入れ替えても同じ議論が成り立つので、囚人B にとっても、合理的な選択肢は「自白」になります。

　結果として、両者とも自白することになるのです。2人とも自白するので、それぞれの刑期が2年となり、2人あわせた刑期は4年になります。

　しかし、囚人AとBにとって最良の選択は、両者とも「黙秘」を貫くことです。そうすれば、刑期はそれぞれ1年で済むはずなのです。つまり、相手がどう判断するかわからない状況で駆け引きが生じると、互いにとって最良ではない選択肢に落ち着く可能性があるということになります。

　このように、==個々のプレイヤーの合理的な判断の結果として行きつく選択肢==のことを「ナッシュ均衡」と呼びます。

▶ 人生とは繰り返しのゲーム

　「囚人のジレンマ」を掘り下げると、重要な教訓が得られます。仮に、黙秘することを「協調」、自白することを「裏切り」と捉えるならば、囚人AとBにとっては「裏切り」が合理的な選択ということになります。

　なんだか切ない結論ですが、これがそのまま私たちの人生に当てはまるわけではありません。というのも、囚人のジレンマでは「黙秘か自白か」という判断を一度だけ行う前提ですが、人生のさまざまな駆け引きの場面では、==一度だけの判断で終わることは少ない==からです。

実際の人生では、周囲の人と駆け引きをしながらも、それなりに長く付き合うことになります。会社の同僚ならば数年から数十年、家族や友人であれば一生付き合うことになるかもしれません。それはプレイヤー同士が同じゲームに繰り返し参加するような状況です。このような状況を、ゲーム理論では「無限繰り返しゲーム」と呼びます。

「無限繰り返しゲーム」と「一度きりのゲーム」の違いは、報復があり得るかどうかという点です。無限繰り返しゲームでは、相手を裏切ると、その後のゲームで相手から報復を受ける可能性があるため、長期的な視点で「協調」を選ぶことが合理的な戦略となる場合があります。

とはいえ、相手が何度も裏切ってくる場合、協調を続けるだけでは搾取されてしまいます。そこで、「協調」と「裏切り」をうまく使い分けることが大切です。では、具体的にどう「協調」と「裏切り」を組み合わせればいいのでしょうか？ その答えを探るために、アメリカの政治学者ロバート・アクセルロッドが開催した「無限繰り返し囚人のジレンマ」という競技大会を紹介しましょう。

この大会は、社会科学者たちがそれぞれ独自のコンピューター・プログラムを作成して対戦させる形で行われました。プログラムはゲームのプレイヤーとして機能し、相手に対して「協調」するか「裏切り」を選ぶかの選択を繰り返します。各プログラムにはそれぞれ異なる戦略が組み込まれており、その戦略に基づいて「協調」または「裏切り」の判断が下されます。ここでいう

"戦略" とは、どのタイミングで「協調」し、どのタイミングで「裏切り」を選ぶかというルールのことです。

この競技大会では、いろいろとおもしろい戦略が集まりました。ここで、一部を紹介します。

① しっぺ返し戦略（Tit-For-Tat）
　「初回は協調を選び、２回目以降は相手が前回出した手と同じ手を出す（相手が協調なら自分も協調、相手が裏切りなら自分も裏切り）」という戦略です。最初は友好的に接し、相手が協力的であればその関係を保ちますが、もし相手が裏切った場合には、すぐに報復するというものです。

② 堪忍袋戦略（Tit-For-Two-Tats）
　「初回は協調を選び、相手が２回連続で裏切りを選んだ場合、次に裏切りを出す」という戦略です。１回までなら裏切りを許すという意味で、"しっぺ返し戦略" よりも寛大な戦略です。

③ フリードマン戦略（Friedman）
　「初回は協調を選び、相手が１回でも裏切った場合、次回以降はすべて裏切りを出す」という戦略です。一度でも裏切った相手は決して許さないということです。こういう上司や政治家って、いそうな気がしますね。

④ 悪人戦略（All-D）
　「常に裏切る」という、"悪人" の名にふさわしい単純明快な戦略です。

⑤ 善人戦略（All-C）

「常に協調する」という戦略です。相手に何度裏切られても協調を続ける、究極のお人好し戦略です。

⑥ でたらめ戦略（Random）

「相手の手に関係なく、裏切りか協調かをランダムに決める」という戦略です。相手がどう出るかに左右されず、裏切るか協調するかを完全にランダムに決めます。

例えば、ある人がいつも懐にサイコロを忍ばせていて、相手の出方に関係なく、サイコロを振って偶数が出たら「裏切り」、奇数が出たら「協調」を選ぶとしたら、それが「でたらめ戦略」です。この戦略は意図がまったく読めないため、現実にこんな人が身近にいたら、かなり不気味な印象を受けるに違いありません。

こうした複数の戦略を戦わせたところ、最終的に勝ち残ったのは「しっぺ返し戦略」だったそうです。

▶「しっぺ返し戦略」の妙

しっぺ返し戦略をおさらいすると、初回は協調を選択し、それ以降は相手の直前の判断をコピーするというものです。つまり、相手が協調すればこちらも協調し、相手が裏切ればこちらも裏切るというシンプルな戦略です。

この戦略は、人間関係に当てはめても納得しやすいでしょう。まずは相手に対して協力的な態度を示し、信頼貯金を積み立てます。しかし、ときに恩を仇で返すような相手には、次から協力しないという対応を取る、とても自然で実践的なアプローチです。

このような戦略は、国際政治の舞台でもよく見られます。例えば、現代において大国同士の戦争が起こりにくい理由の1つとして「核抑止力」が挙げられますが、これもゲーム理論で説明できます。

核抑止力の本質は、「相互確証破壊（Mutual Assured Destruction, MAD）」と呼ばれるものです。これは、相手が核を使用しない限り自国も核を使わない（最初は協調を選ぶ）が、もし相手が核を使えば自国も必ず核で反撃する（相手が裏切れば自分も裏切る）ことで、互いを確実に破壊するという考え方です。この「相互確証破壊」によって、双方が核の使用を控え、微妙な均衡が保たれます。まさに、「しっぺ返し戦略」が、==大規模な対立を回避しつつ、互いの安全を確保するための有効な手段==となっているのです。

▶ ルールの外で勝ちをねらう戦略

余談ですが、アクセルロッドの競技大会は2回開かれていて、「しっぺ返し戦略」が優勝したのは1回目の大会でのことでした。2回目の大会では、「主人と奴隷戦略」という戦略が優勝しています。その戦略のルールとは、次のようなものです。

⑦ 主人と奴隷戦略

あらかじめ決めた順序で協調、裏切りを5回から10回出し、相手が自分のチームの仲間か否かを判断する（要は、仲間を見分けるための合言葉みたいなもの）。

【相手を「仲間ではない」と判断した場合】

常に「裏切り」を出すことで、可能な限り、対戦相手の点数を下げようとする。

【相手を「仲間である」と判断した場合】

　プログラムのうち「奴隷」の役割が割り振られている者は、常に「協調」を出す。

　プログラムのうち「主人」の役割が割り振られている者は、常に「裏切り」を出す。

　少しわかりにくいですが、要は八百長試合のようなものです。まず、ある選手グループで秘密裏に結託し、特定の選手を勝たせるという約束をしておきます。そしてゲームにおいては、対戦相手が「よそ者（八百長協定に不参加のプレイヤー）」である場合、「裏切り」を連発して相手の足を引っ張ります。

　一方、対戦相手が「八百長協定の一味」である場合は、あらかじめ決めておいた「選手（主人）」に「他の選手（奴隷）」がわざと負けることで得点を取らせ、その選手を優勝に導くのです。

　つまり、裏で手を組んで誰かを不正に勝たせる戦略は、実はものすごく強力だということです。人間社会でも、選挙の裏工作や派閥争いなど、影響力を強めるために密かに結託する例は珍しくありません。例えば、選挙で特定の候補者を勝たせるために、組織ぐるみで票を操作する。社内の派閥争いでライバルを排除しようとする。こんな状況は、私たちの身のまわりでもよく見かける光景です。

　こうした行動は、表向きはルールに沿ったものに見せかけて、実際にはルールの外で勝ちをねらう裏工作です。一度成立してしまうと非常に強力で、あっという間に物事がひっくり返ることさ

えあります。だからこそ、権力闘争や職場の政治的な駆け引きでは、こうした戦略がしばしば見られるのです。

　この大会は、あくまでコンピューター・プログラム同士が対戦するものですが、人間社会の模様も垣間見える気がしませんか？

「ゲーム理論」からわかる人生のヒント

☑ 第一印象が大切になる：

「しっぺ返し戦略」が示すように、最初は協力の姿勢を見せることで、相手との信頼関係を築くことが重要である。人間関係やビジネスでも、はじめに相手によい印象を与えることで、今後の関係がスムーズに進む。

☑ 信頼貯金を積み立てよう：

「しっぺ返し戦略」に見られるように、信頼は一度に築かれるものではなく、繰り返し助け合うことでためていくもの。よくしてくれる相手には、自分からもよくしてあげよう。

☑ 長期的な視点で判断しよう：

人付き合いを「無限繰り返しゲーム」ととらえ、長期的な信頼と協力関係を築くことが最終的に大きな成果をもたらす可能性が高い。目先の勝ち負けにこだわらず、常に未来を見据えて判断することを心がけよう。

第4章 心の持ち方・人間関係

プロスペクト理論
失敗を認められることの大切さ

　人は誰しも、自分から進んで損したいなどとは思っていません。けれども、客観的に見れば損な行動をとってしまうことがあります。次のような話をどこかで聞いたことはありませんか？

・友人の投資話を信じて次々と借金をする。
・オンラインカジノで大負けしたのに、「次こそは」と、さらにつぎ込む。
・恋人をあきらめきれず、復縁を求めてストーカーまがいのことをする。

　誰しも損はしたくないはずなのに、損をこじらせるような行動を取るのはなぜでしょうか？

他人がこうした不合理な行動をとっているのを見ると、「バカだなぁ……」と思うかもしれません。しかし、こうした不合理さは誰もが持っているものであり、人類共通の法則ですらあるのです。

▶ 不確かな選択肢は避けたい

　伝統的な経済学では「人間は不合理である」という事実が無視されてきました。経済学者たちは長い間、人間を合理的な存在だとみなして経済理論を構築してきたのです。つまり、経済学は「自分の利益を最大化するために合理的な判断を下す」という人間像を前提にしてきました。このような人間像は、人間（ホモ・サピエンス）を単純化することで経済理論をつくりやすくするためのものであり、「ホモ・エコノミクス（経済人）」と呼ぶこともあります。

　心理学者のダニエル・カーネマンとエイモス・トベルスキーは、人間をホモ・エコノミクス（完全に合理的な存在）とみなす当時の経済学に疑問を抱いていました。そこで、経済学の大前提であるホモ・エコノミクスの考え方を検証するため、大規模な心理学実験を行いました。カーネマンの実験は、例えば次のようなものです。質問１について、みなさんはどちらを選ぶでしょうか？

　質問１　みなさんはＡとＢのどちらを選びますか？
　　選択肢Ａ：無条件で１万円を受け取れる。
　　選択肢Ｂ：コインを投げて表が出れば２万1000円を受け取れる。裏が出れば何も受け取れない。

この質問をすると、大部分の人が選択肢Aを選ぶとされます。不確実なBよりも、より確実に利益が得られるAを選ぶということです。ポイントは、選択肢Bは五分五分の確率で2万1000円を受け取れるので、平均的には1万500円を得られる選択肢であり、選択肢Aよりも利益が高いという点です。

　それにもかかわらず多くの人がAを選ぶのは、人間は不確かな選択肢を避ける傾向、つまり==リスクを回避しようとする「リスク回避的」な傾向を持つ==からです。リスク回避自体は、合理的な判断といえます。

　というのも、不確実な選択肢は悪い方に転ぶ可能性もあるわけですから（選択肢Bを選んだのにコインの裏が出る）、金額が少し下がってもより確実な選択肢Aを選ぶことは、合理的な判断といえるからです。

▶ リスクが高くても選んでしまう心理

　では、質問2はどうでしょうか？

質問2　みなさんはAとBのどちらを選びますか？
　選択肢A：無条件で1万円を没収される。
　選択肢B：コインを投げて表が出れば2万1000円を没収される。裏が出れば何も奪われない。

　質問2では、選択肢Aを選ぶと確実に1万円を失います。一方、選択肢Bは五分五分の確率で2万1000円を失うので、平均で1万500円を失う選択肢ということになります。
　人間がリスク回避的なのであれば、選択肢Aの方が不確実性も

ないし、選択肢Bよりも平均して失う金額が少ないので、多くの人が選択肢Aを選びそうなものです。しかし実際に聞いてみると、質問2では大部分の人が選択肢Bを選びます。このように、リスクの高い選択肢を敢えて選ぶ傾向のことを、「リスク愛好的」と呼びます。

以上の心理学実験の結果を見てみると、人間は==「利益」についてはリスク回避的に振る舞い、「損失」についてはリスク愛好的に振る舞う==ということになります。

質問2で選択肢Bを選んでしまうのは、不合理であるといえます。なぜなら選択肢Bは、選択肢Aよりも収入が悪い（損失額が大きい）うえにリスクもあるからです。しかし、多くの人が選択肢Bを選んでしまいます。その理由は、人が無意識に損失の確定を回避しようとしているからだと考えられています。

選択肢Aは選んだ瞬間に損失が確定しますが、選択肢Bは選んだ時点では損失が確定せず、コイン投げの結果次第で損失を回避できる可能性が残っています。そのため、損失の確定を避けようとして選択肢Bを選ぶというのです。このように、==損失を回避したがる性質のことを「損失回避性」==と呼びます。

▶ 心理バイアスによる損失拡大

こうした話は、どこかで聞いたことがあるのではないでしょうか？　例えば、ギャンブルの負けをギャンブルで取り返そうとする行動です。「損失を回避したい」と願うあまりに、自分が損をしたという事実を認められず、損を取り返そうとして深みにはまっていくことがありますが、それはまさに損失回避性の事例です。

著者は資産運用の仕事をしていますが、同じことが資産運用の世界でもよく見かけられます。株式投資では、ある企業の株が値上がりすると思って買った後、思惑が外れて値下がりした場合はすぐに売った方がいいとされます。予想が外れたことを潔く認め、損失が大きくなる前に手を引いた方がいいということです。このような判断は、損が大きくなる前に切り捨ててしまうということから「損切り」と呼ばれています。

　しかし、いざこのような事態に直面すると、多くの人はなかなか損切りの決心がつきません。「今はたまたま下がっているだけで、しばらくすると上がるのではないか」と考えて**損切りができず、結局、損失が大きくなってしまう**ことも多々あります。
　これは損失を回避したいと願うあまりに、株を持ち続けるというリスクの高い選択肢を選んでしまうと理解できます。

　金融機関に勤める資産運用のプロでも、このような心理バイアスの影響を受けて損失を拡大させてしまうことがあります。そのため、金融機関では多くの場合、「損失が発生したときに従うべきルール」を事前に定め、取引を行う人すべてに強制しています。例えば、「購入時の株価から20％以上値下がりした場合は、損切りを行う」といったルールです。そうやって会社の方針としてルールを強制しておけば、迷うこともないからです。

　加えて、最近では資産運用にAI（人工知能）を活用する試みも広がっています。AIは人間ではないので、心理バイアスの影響を受けずに判断することができます。そこで、株などの売り買いの判断をAIに行わせることが、今では当たり前になりました。この

ようなAIによる取引は、コンピューター上のルール（＝アルゴリズム）に基づく取引ということで「アルゴリズム・トレーディング」と呼ばれ、世界中でどんどん広がっています。

▶ プロスペクト理論だから説明できること

カーネマンとトベルスキーは心理学実験を通じて不合理な行動の法則性を発見していきました。不合理さに法則性があるというのも奇妙な話ですが、先ほどの実験結果のように、不合理性については、多くの人が同じような傾向を持つことがさまざまな心理学実験によってわかってきています。

カーネマンとトベルスキーはこうした研究に基づいて、1979年に「プロスペクト理論」という新しい経済理論を提唱しました。この業績により、カーネマンは2002年にノーベル経済学賞に選ばれています。

心理学者であるカーネマンがなぜ経済学の最高賞を受けたかというと、プロスペクト理論が膨大な実証データに基づいて人間の損得判断のバイアスを理論化したものであり、心理学と経済学を結び付ける懸け橋のような理論だったからです。

この理論をきっかけにして、心理学と経済学を融合した「行動経済学」という新しい学問分野が誕生しました。プロスペクト理論とそれ以前の経済学理論のもっとも大きな違いは、プロスペクト理論が、人間の不合理な側面も含めて理論に取り入れたという点です。

それまでの経済学では、「人間は合理的であり、経済学的にも

っとも得な選択肢を常に選ぶことができる」とみなされていました。しかし現実の人間は、先述の例のように不合理な判断をしてしまうことがあります。こうした不合理な側面も含めて説明できるのがプロスペクト理論なのです。

▶ 人は、どのように「満足」を感じるか

プロスペクト理論は、経済学と心理学を結び付けた興味深い理論です。

経済学では、「人は自分の満足のために消費行動をする」と考えます。プロスペクト理論に限らず、従来の経済学も含めてこのような考え方をします。私たちがモノやサービスを購入するのは、それを消費することで自分の満足度を高めたいからなのだと解釈するのです。

ですので、人が満足を「どう感じるか」ということが議論の出発点になります。プロスペクト理論では、人の満足の感じ方には次の3つの特徴があると考えます。これらのうち、②は従来の経済学から採用されていたものですが、①と③はプロスペクト理論において新たに追加された要素です。カーネマンとトベルスキーが行った心理学実験のデータから導き出されたものです。

① 参照点依存性：
　人は今の状況（＝参照点）を基準に損得を判断する。
② 満足度の逓減：
　消費量が増えるにつれて満足度は増えにくくなる。
③ 損失回避性：
　人は利益を得ることより損を避けることを優先する。

では、①〜③について詳しく見ていきましょう。

① 参照点依存性

　人は、今の自分の状況を基準に損得を判断するという特徴です。例えば、勤務先の上司から、来年の年収が500万円になると伝えられたとしましょう。この金額を「損」と感じるか「得」と感じるかは、今の年収によって異なるはずです。

　もし、今年の年収が400万円ならば、500万円は100万円の昇給を意味するため、100万円の「得」と感じることでしょう。一方、今年の年収が600万円だったとすれば、100万円の「損」と感じるでしょう。

　つまり、人は自分の現状よりも悪くなることを「損」、よくなることを「得」と感じるのであり、**損得は相対評価**だということです。プロスペクト理論では、損得判断の分かれ目となる今の状況のことを「参照点」、損得の判断が参照点に依存するという性質を「参照点依存性」と呼びます。上記の例でいえば、今の年収が400万円の人の参照点は400万円、年収が600万円の人の参照点は600万円になります。

② 満足度の逓減

　これは同じモノやサービスを繰り返し消費していると、だんだん飽きて満足度が上がりにくくなっていく性質のことです。

　例えば、社会人が仕事終わりに居酒屋でビールを飲んだならば、1杯目は五臓六腑にしみ渡るほどおいしく感じることでしょう。しかし2杯目や3杯目は、1杯目ほどは感動せず、日本酒を飲んでみたくなったり、焼き鳥が食べたくなったりしてきます。

第**4**章　心の持ち方・人間関係

このように、人は1つの商品ばかりを消費していると、徐々に満足度の増加が緩やかになっていきます。要するに、飽きてくるのです。このような性質のことを、経済学の専門用語で「限界効用逓減則」といいます。

限界効用逓減則の「効用」とは、満足度を意味する経済学の専門用語です。「満足」という言葉が日常語としてさまざまな意味を持つので、経済学において厳密な議論をするときは、「効用」という呼び名を使います。意味合いとしては満足度を表していると考えて差し支えありません。

また、「限界」とは、経済学では増加分を意味します。つまり、「限界効用」とは満足度の増加分を表す言葉であり、それが逓減（＝次第に減ること）していくということです。

限界効用逓減則があるので、私たちは1つの商品だけでは満足しきれず、多様な消費を行います。例えば、今日のランチ代として1000円が使えるときに、それで1杯100円のコーヒーを10杯頼むよりも、パスタやコーヒー、デザートなど複数のメニューを注文する方が、満足度が高まるということです。

このように、現代社会が無数のモノやサービスで溢れかえっているのは、私たちが==満足度を高めるために多様な消費が必要だから==といえます。限界効用逓減則が、消費の多様性の源となっているのです。

③ 損失回避性
これは利益の獲得よりも損失の回避を優先する性質のことです。

この性質は175ページの心理学実験の話で出てきました。損を避けたいという気持ちに支配されるあまり、損を取り返そうとして深みにはまってしまうことがあります。こうした損失回避を優先する性質のことを「損失回避性」といいます。

▶ 人の価値判断を表す「価値関数」

人がどう満足を感じるかを3つの特徴で整理しましたが、3つの特徴をグラフで表したものが、**図表32**の「価値関数」です。

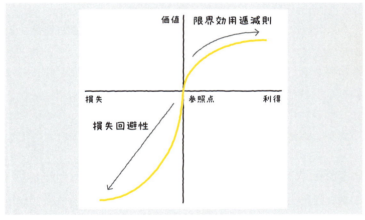

図表32　価値関数のグラフ

図表32の曲線を見ると、参照点を境にグラフの形が変わっています。このグラフは、利得や損失を経験したときに感じる価値の大きさを表していて、横軸は利得や損失の度合い、縦軸は利得や損失を経験した人が感じる価値（＝満足度）になります。

参照点より右側は、人が金銭的な利益を得たり何かを消費したりして満足度が増える状況を表しています。右側に行くほど価値

関数の傾きが緩やかになるのは、限界効用逓減則を表しています。つまり、==利得が大きくなるにつれて、満足度が増えにくくなる==ということです。

　価値関数で注目すべきは、参照点より左側（損失）です。左側は右側（利得）よりもグラフの傾きが急になっています。これは、人間は得よりも損に敏感であり、==損失を認識すると急な坂を転がり落ちるように満足度が低下する==ことを表しています。つまり、この部分は「損失回避性」を表現しています。

　プロスペクト理論では、人が得よりも損を何倍敏感に意識するかを、λ（ラムダ）というギリシャ文字で表します。λとは、ある利得を得たときの満足度（価値）の増加幅と、それと同じだけ損をした場合の満足度（価値）の減少幅の比率のことです。さまざまな研究によると、λの値はおよそ「2」だとされています。つまり、==人は得より損を2倍も重く受け止める==ということです。

▶「損を取り返したい」という気持ちが破滅を呼ぶ!?

　損失回避性は、原始時代には生き残るために有利な性質だったと考えられます。太古の昔の狩猟生活では、マンモスなどの大物を仕留めればたくさんの肉が手に入りますが、大きな獲物ほど攻撃力も高くリスクが伴います。獲物に角で突かれて命を落とせば、自分も家族もおしまいです。古代の人間にとっては、利益追求よりも損失回避（大ケガや死亡の回避）の方が生きるうえで重要だったに違いありません。だからこそ私たち人間の脳は、損失を回避したいという強い欲求に支配されています。

　しかし現代では、この損失回避性はしばしば適切ではない判断

に繋がってしまうことがあります。例をいくつか挙げましょう。

【別れ話】

元恋人に激しく復縁を迫る行動は、損失回避性の現れといえます。自分にとって「損な状況（＝恋人と別れる）」を確定したくないがために、よりを戻そうと奮闘する（＝その人にとっての参照点である「付き合っている状態」に戻そうとする）わけです。それよりも、さっと見切りをつけて新しいパートナーを探す方が合理的かもしれません。

【結婚詐欺】

結婚前提のお付き合いを申し込んできた男性から「お金を貸してほしい」と頼まれ、少しならいいかと貸したところ、その後もいろいろな理由でお金を無心され、いつのまにか総額が数百万円に膨らんでしまったとします。そしてある日突然、音信不通に……。この例も、関係が壊れる（＝損失が確定する）ことを回避したいという心理につけこんだ詐欺の戦略といえるでしょう。

【ビジネスの戦略】

プロスペクト理論はビジネスにも応用されています。例えば、期間限定セールスです。期間限定で安くなっている商品を見て「今、買わないと損」だと感じ、買う必要がないものを買ってしまった経験はないでしょうか？　これも損失回避性に基づく販売戦略といえます。

また、営業トークにも活用されています。証券会社の営業部員が投資信託を客に売りたいときは、「資産運用で老後資金に余裕をつくりましょう」と利益に着目した説明をするよりも、「資産運用で老後資金が足りなくなることを防ぎましょう」と損失に着

第4章　心の持ち方・人間関係

目した説明をした方が注意を引きやすいという使い方です。

　いかがでしょうか？　私自身は、人間の複雑な心理がシンプルなグラフで表せたことに感動を覚えます。プロスペクト理論は「ときにはあきらめも肝心」という教訓を伝えてくれているのではないでしょうか。

「プロスペクト理論」からわかる人生のヒント

☑ バイアスを自覚しよう：

人間は、損失を避けようとする「損失回避性」など、心理的な
バイアスを持っている。このバイアスは人類共通のもので、あ
なたも強く影響されているかもしれない。冷静な判断ができて
いるか、一歩引いて考えてみよう。

☑ 切り替えも大切：

損失を認めるのはつらいことだが、早めに「損切り」を決断す
ることが、より大きな損害を防ぐ場合もある。あきらめること
は後退ではなく、次に進むための重要なステップである。

☑ 損得をどう感じるかは自分次第：

「損」や「得」は絶対的なものではなく、自分の状況（参照点）
に依存する。この相対性に気づくことで、周囲と比較して「損
だ」「得だ」と悩むのではなく、自分の成長や幸福を基準に物
事を考えられるようになるかもしれない。

ネットワーク理論
効果的な人脈づくりに役立つ数学

　ビジネスにおいて成功するためには、人脈が重要であることは周知の事実です。しかし、単に知り合いを増やしたり、限られた人と深い絆を築くだけでは、効果的な人脈にはなり得ません。
　成功する人脈づくりには、人的ネットワークの「質」や「構造」を理解することが欠かせないのです。ここで重要になるのが、数学の1分野である「ネットワーク理論」です。

　私たちの日常は、「繋がり」でできています。家族間の血の繋がり、知人・友人との繋がり、職場の部署同士の繋がり、SNSでの繋がりなど、いろいろな繋がりがありますが、その背後に隠された法則を数学的に解き明かすための研究が、20世紀初頭に始まりました。

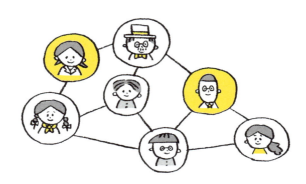

▶ 難問をグラフに置き換えて考える

　きっかけは18世紀のヨーロッパ、東プロイセンの首都ケーニヒスベルク（現 ロシア連邦カリーニングラード）で起こりました。この街の大きな川には7つの橋が架かっていたのですが、この橋をテーマにした、次のような数学の問題がありました。

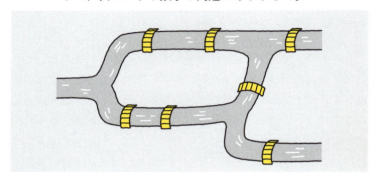

図表３３　ケーニヒスベルクの橋

> 問題
> 　川に架かる7つの橋を、それぞれ一度しか通らずにすべて渡り、元の場所に戻ってくることができるか？

　1736年、高名な数学者レオンハルト・オイラーは、この問題をグラフに置き換えて考える解法を発見しました。**図表３４**を見てください。元の地図における橋を線に、島を点に置き換えることで、**図表３４**の右側のグラフができあがります。もし、このグラフが一筆書き可能であれば、すべての橋を一度だけ渡って戻ってくるルートが存在することになります。

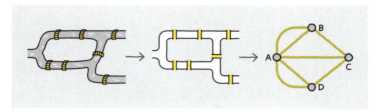

図表３４　地図を点と線に置き換える

　このグラフをもとに、オイラーは次のように考えました。
　グラフ上のある点からスタートして、すべての線を一度ずつ通過しようとすると、結果的にグラフ上のすべての点を訪れることになります。しかし、最終的には出発点に戻る必要があるため、出発点以外のすべての点では、一度訪れた後、別の線を通ってその点から離れなければなりません。つまり、同じ線を再び通ることはできないため、「行き」と「戻り」で異なる線が必要になります。

　例えば、AからスタートしてB、C、Dをすべて訪れる場合、Bに到達したら、行きに通った線とは異なる線を通ってBを離れる必要があります。つまり、一筆書きでスタート地点に戻るためには、各点から偶数本の線が延びており、「行き」用の線と「帰り」用の線がペアをなしている必要があります。

　オイラーはそう考えて、このグラフは一筆書きが不可能であると結論づけました。なぜなら、各点から出ている線が奇数本だからです。例えば、点Bには３本の線が繋がっています。このように、点に繋がった線が奇数本では、「行き」と「帰り」のペアをつくろうとすると仲間外れが出てしまうので、一筆書きで元の地点に戻ることは不可能ということです。

ケーニヒスベルクの橋の問題は、「川に架かる7つの橋を、それぞれ一度しか通らずにすべて渡り、元の場所に戻ってくることができるか？」というものでした。その答えは、「できない」ということになります。

こうしてオイラーは、島を「点」に、橋を「線」に見立ててグラフに置き換えるという斬新な発想によって、ケーニヒスベルクの橋の問題を解いたのでした。オイラーは、単に数学の問題を1つ解いたというだけではなく、**物事の関係性を「点が線で繋がったグラフ」で表すことによって、複雑な関係を簡潔に表す便利な手段**を発明したのです。

これが、ネットワーク理論のルーツとなる「グラフ理論」の誕生でした。ケーニヒスベルクの橋から始まったこの小さな問題が、後に大きな世界の繋がりを解き明かす鍵になっていきます。

▶ 複雑なネットワークがあふれる現代

時代は飛んで20世紀。産業革命を経て、社会は急速に発展していきます。インターネット、企業間の取引関係、国境を越えた人脈など、複雑なネットワークがあふれる世界に変貌しました。そしてコンピューターの発達により、こうした複雑な関係を「ネットワーク理論」に基づいて分析できるようになりました。

現代の数学者やデータサイエンティストたちは、オイラーが始祖となったネットワーク理論を手に、現実世界の複雑なネットワークを理解しようと奮闘しています。例えば、著者は資産運用を専門とするデータサイエンティストですが、仕事の一環として株式投資のための「サプライチェーン分析」を行っています。

サプライチェーンとは、商品が作られて私たちの手元に届くまでの一連の流れのことです。例えば、iPhoneは原材料が鉱山などから掘り出され、部品が作られ、工場で組み立てられ、トラックや船で店に運ばれることで、私たちが購入できるようになります。この一連の流れには、iPhoneを製造・販売しているApple社だけではなく、非常に多くの企業がかかわっています。

　そのため、サプライチェーンを通じた企業同士の繋がりを分析すれば、次にどの株が上がるのかということを予測できます。もしiPhoneの新モデルの売れ行きが予想よりも好調だというニュースが出たとすれば、サプライチェーンを通じて恩恵を受けるであろう企業の株を先回りして買うといった戦略を実行できます。

▶ 世界中の人と繋がれる「距離」

　近年は、こうしたネットワーク理論の分析手法が人脈の分析にも使われています。1960年代、エール大学のスタンレー・ミルグラムは、人々の繋がりを調べるために大胆な実験を行いました。彼の問いはこうです。

問い
　アメリカの見知らぬ2人は、何人を介せば繋がることができるのか？

　ミルグラムは、アメリカ国内で互いに面識のない任意の2人を選び、その一方に対して、もう一方の相手に手紙を送るように依頼しました。といっても、2人は互いに面識がないため、実際は「相手に手紙を届けてくれそうな人」に手紙を出してほしいという依頼です。つまり、手紙のリレーによって、最終的に指定した相手に届けてほしいということです。

驚くべきことに、相手に手紙が届くまでに経由する人数は、平均してわずか６人でした。この結果は、６人程度を介すれば見知らぬ人同士でも繋がるという「６次の隔たり」として知られることとなりました。これが、現実世界のネットワークが持つ「スモールワールド性」と呼ばれる性質です。

　ビジネスでは==人間同士の繋がり、すなわち「人脈」を生かすことができた者が有利==に立ちます。そこで、以降はネットワーク理論の基本を学びながら、自分の人脈形成にどう生かしていけるかについて考えてみましょう。

▶ ネットワーク理論はノードとエッジが出発点になる

　ネットワーク理論の基本的な概念に「ノード」と「エッジ」というものがあります。ビジネスにおける人間関係や組織の繋がりを理解するうえで非常に重要なので、まずはそこから押さえましょう。

　ノード（Node）とは、ネットワークにおける「個々の点」であり、人、企業、組織、インターネット上の個々のWebサイトなどを指します。ビジネスにおいては、ノードは主に社員、顧客、取引先、パートナー企業などが該当します。

　エッジ（Edge）とは、ノード同士を結び付ける「線」であり、関係性や繋がりを表します。ビジネスにおけるエッジは、社内外の人脈、取引関係、信頼関係など、あらゆるコミュニケーションや接触を意味します。

　先ほどの「ケーニヒスベルクの橋の問題」でいえば、==グラフにおける個々の点が「ノード」に、点と点を結ぶ線が「エッジ」==になります。

それでは、ネットワーク理論についてさらに掘り下げてみます。専門用語も出てきますので、人脈づくりにおいてどんな意味を持つかを強調しながら話を進めることにします。

▶ ビジネスにおける人脈づくりの肝

　ノード（点、人脈ネットワークでいえば個々の人物）にはそれぞれ異なる役割があり、役割によってネットワークにおよぼす影響力が大きく変わります。なかでも次の2つの役割が重要です。

① ハブ（Hub）

　多くのエッジ（繋がり）を持つノードのことです。ハブは、ネットワーク全体の情報の集約点です。Webサイトのネットワークであるインターネットでいえば、GoogleやAmazonなど一部のメガサイトが非常に多くのリンクを集めていますが、こうした中心的な役割を果たすノードをハブといいます。

　ビジネスにおいて、ハブは影響力の大きい人物や組織を指します。例えば、業界のリーダー的存在、企業のCEOや役員が該当します。彼らは業界内で多くの人々と関係を築き、その繋がりを生かして情報を集めたり、ビジネスを進めたりします。

　ハブとして機能する人物の典型例は、Appleの創業者スティーブ・ジョブズです。ジョブズは、Appleという企業内だけでなく、業界全体に多くのエッジを持ち、技術革新の中心人物として世界中に影響力をおよぼしました。

② ブリッジ（Bridge）

　異なるネットワークやグループを繋ぐノードを指します。ハブがネットワーク内の中央集権的な存在であるのに対し、ブリッジ

は異なるネットワーク間の「架け橋」となり、情報の流れやイノベーションを促進します。

　ビジネスにおいてブリッジの役割を果たすのは、異なる部門や企業、文化を横断する人物や組織です。つまりは、「顔が広い」人物や組織といえるでしょう。例えば、異業種交流会の主催者や、複数の業界で活動しているコンサルタントが該当します。彼らは異なる分野や文化の間で情報を橋渡しし、新たなコラボレーションを生み出すことができます。

　みなさんも①や②に該当する人物が頭に思い浮かぶのではないでしょうか。人脈のネットワークにおける自らの重要度を増すには、「ハブ」か「ブリッジ」になれればベストです。

　しかし、実際のところ**ハブになるのは至難の業**です。というのも、社内で出世競争を勝ち抜いたり、知名度を上げて業界の重鎮になったりと、並外れた努力が必要になるからです。また、たとえハブを目指しても、その立場まで上り詰めることができるのは、ほんの一握りにすぎません。

　では、「ブリッジ」はどうでしょうか？　人と人を繋ぐ架け橋的な役割であれば、ちょっとした心がけで担っていくことができます。以降はブリッジについて見ていきます。

▶ 弱いエッジが予想外のチャンスをもたらす

　個々の人物を「ノード（点）」、人間同士の繋がりを「エッジ（線）」として表現するといいましたが、そもそも人間関係には「深いもの」と「浅いもの」があります。つまり、人間関係のネットワークには、強いエッジと弱いエッジが存在します。

　「強いエッジ」とは頻繁に連絡を取る関係や、強い信頼で結ば

第**4**章　心の持ち方・人間関係

れた関係を指します。一方、「弱いエッジ」は稀にしか接触しない浅い繋がりのことを指します。

　ビジネスでは、強いエッジは強固な信頼に基づく迅速な意思決定や問題解決を促進します。例えば、結束の固いプロジェクトチーム内での人間関係をネットワークで表すと、そのノードは強固なエッジにより密に繋がり合っています。そして、メンバー同士の信頼関係や日々の密接なコミュニケーションがプロジェクトの成功に大きく貢献するでしょう。

　けれども、==強すぎるエッジが閉鎖的な関係性を生む==こともあります。内輪でのコミュニケーションに偏りすぎると、外部からの新しい情報や異なる視点を取り入れる機会が少なくなり、結果として判断を誤ったりイノベーションを妨げたりする可能性があります。

　反対に、弱いエッジは一見すると重要でないように思われがちですが、実際はビジネスにおいて重要な役割を果たします。==弱いエッジは異なるネットワークやグループを繋ぐ役割を担い、そこで得られる新しい情報がビジネスチャンスの源となる==からです。

　ある研究では、転職や新プロジェクトのチャンスは弱いエッジを通じてもたらされることが多いとわかっています。たまにしか会わない知り合いやSNS上での緩やかな繋がりが、予想外のビジネスチャンスや新しい人脈をもたらすことがあるのです。

▶ 人脈ネットワークの橋渡し役

　弱い繋がり（Weak Ties：ウィークタイ）の重要性は、ビジネス界でも広く認識されるようになってきています。

ウィークタイとは、普段は深い付き合いがない相手との繋がりのことです。家族や親しい友人、同僚などの「強い繋がり」とは対照的に、たまにしか連絡を取らない浅い関係の人々を指します。昔の同僚やSNSで緩やかに繋がっている友人、ビジネスイベントで名刺交換をした人、社会人大学院でのクラスメートなどがこのカテゴリーに該当します。

　ウィークタイの重要性についてのもっとも有名な研究は、アメリカの社会学者マーク・グラノヴェッターの「弱い繋がりの強さ（The Strength of Weak Ties）」という理論です。略して「SWT理論」とも呼ばれ、強い繋がりよりも弱い繋がりの方が、新しい情報や機会をもたらす力があると考えます。

　グラノヴェッターの1973年の論文に掲載された図（**図表３５**）から考えてみましょう。この図は、ある人々の人脈ネットワークを模式的に表したものです。それぞれのノード（A〜Jの点）は人物を表していて、エッジ（線）は関係を表しています。実線が強い繋がり、破線が弱い繋がりです。

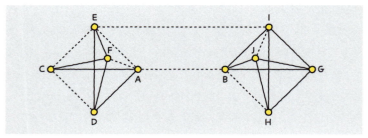

図表３５　人脈の繋がり
出典：Mark S. Granovetter [1973], "The Strength of Weak Ties", American Journal of Sociology

図では、人間関係が左側と右側の2つのグループに分かれていて、AさんとBさん、EさんとIさんの弱い繋がりが結び付けています。この弱い繋がりを通じて互いのグループの情報が伝わり、知らなかった新しい知見を得ることができるため、ときには新しいアイデアやビジネスチャンスに繋がることがあります。

　左右のグループは、異なる部門や同業他社、あるいは全く異なる業界同士かもしれません。どの場合でもいろいろなところに顔を出している人は、人的ネットワークのブリッジ（橋渡し役）として機能し、ネットワーク全体に情報を効率的に伝播させることができます。

▶ 就職先の情報も「弱い繋がり」から

　グラノヴェッターの研究によると、人は新しい仕事やビジネスチャンスを、親しい友人や家族などの「強い繋がり」からではなく、むしろ「弱い繋がり」から得る場合が多いことが明らかになっています。これは、強い繋がりを持つ人々は同じコミュニティ内にいるため、新しい情報や異なる視点をもたらすことが少ないからです。一方、「弱い繋がり」の人々は異なるコミュニティに属しているため、全く新しい情報や機会を提供してくれる可能性が高いのです。

グラノヴェッターの論文には、ボストン郊外で就職先を見つけたばかりの若者54人を対象にした質問調査の結果が示されています。彼らに最終的な就職先の情報をどのように得たかを尋ねたところ、頻繁に会う相手から情報を得た人はわずか９人（17%）で、残りの45人（83%）はたまにしか会わない相手から情報を得ていました。シカゴ大学のヴァレリー・ヤクボヴィッチによる2005年の論文でも、ロシアの1143人を対象とした調査から、やはり就職の決め手となる情報は弱い繋がりから得られることが確認されています。

▶ ウィークタイを増やすには積極性が大切

　以上のように「弱い繋がりの強さ理論（SWT理論）」によれば、ウィークタイが新たな情報をもたらし、人生を切り開くきっかけになるかもしれません。ウィークタイを増やすには、例えば次のような方法が考えられます。

【イベントへの参加】

　ウィークタイを作るためのもっとも効果的な方法の１つが、ネットワーキングイベントやカンファレンスに積極的に参加することです。これらのイベントにはさまざまなバックグラウンドを持つ参加者が集まるため、新しい人脈を築く絶好の機会です。短時間で多くの人々と接触できるため、数多くのウィークタイを形成することができます。

　また、カンファレンスでは共通の興味を持つ人々が集まりやすいため、名刺交換や短い会話を通じて、ウィークタイを作ることが比較的容易です。ビジネスイベントでの会話は、短時間であっても後々のビジネスチャンスに繋がることがあり、こうしたイベントへの参加がウィークタイの拡大に貢献します。

【SNSの活用】

　現代のビジネス環境では、ウィークタイを強化し、維持するための極めて有力なツールがSNSです。LinkedInやFacebookなどのSNSは、普段会う機会の少ない相手や、ビジネスイベントで一度だけ会った人との関係を保つことができます。物理的な距離や時間の制約を超えて繋がりを維持することができるだけではなく、SNS上での簡単なメッセージや「いいね！」といった軽い交流が、今後のビジネスチャンスに繋がることもあります。繋がりの維持によって、ときには革新的なアイデアや大きなビジネスチャンスへと発展することもあるでしょう。

【趣味の集まり】

　ランニングやバスケットボール、合唱や登山など、趣味の集まりに参加するのもウィークタイを作るためのよい方法です。同じ趣味を持つ人々との交流は、ビジネスとは異なるリラックスした環境で自然に関係を築けるので、結果として新しい情報やビジネスチャンスに繋がることがあります。趣味の共有は会話のきっかけをつくりやすく、親近感を抱かせるため、初対面でもスムーズに信頼関係を築く一助となるでしょう。

　幹事体質の人なら、自らが主催側にまわるのもいいでしょう。私の友人知人にも、学会の運営委員をやっていたり、異業種交流会を主催したり、趣味の会を主催している人がいます。こうした方法で楽しみながら人脈を広げていけば、みなさんはいつしか人々を繋ぐ「ブリッジ（架け橋）」となり、新しい世界が拓けてくるに違いありません。

「ネットワーク理論」からわかる人生のヒント

☑ 弱い繋がりが新しい扉を開く：

日常生活やビジネスの成功には、頻繁に連絡を取る「強い繋がり」だけでなく、希薄な「弱い繋がり」も非常に重要となる。弱い繋がりは新しい情報や予想外のチャンスを提供してくれることが多く、未来を切り拓く鍵になる。

☑ 慣れた世界から一歩踏み出そう：

最近、家族や同僚など「強い繋がり」の人とだけしか話していないと思ったら、なんらかの集まりに参加してみると、新たな発見があるかもしれない。いろいろな価値観に触れることで、世界はさらに広がっていく。

☑ 1つ1つが「かけがえのない出会い」になる：

一見、些細な繋がりや接点が、後に大きなチャンスや人生の転機に繋がることがある。SNSでの軽いやり取りや、趣味の集まりでの会話が、予想外の形で未来を変えるかもしれない。ネットワーク理論は、すべての出会いや繋がりが、いつか大きな変化をもたらす「可能性の種」であると教えてくれる。

第4章　心の持ち方・人間関係

説明スタイル

マーティン・セリグマンの
「心の声に反論せよ！」

　日々の出来事に対して、みなさんの「心の声」は何をささやいているでしょうか？　同じ出来事を経験しても、人によって感じ方が異なるのは、「心の声」がそれぞれ違うことを言っているからだといわれています。実は、「心の声」が、みなさんがポジティブなのか、ネガティブなのかという性格までも左右しているのです。

　ここでは、楽観的な人と悲観的な人は根本的に何が違うのか、「心のモデル」を使って解き明かしていきます。21世紀に急速に発展した「ポジティブ心理学」の基本的な考え方を基にした話ですが、難しい理論は出てきません。人生を前向きに生きるためのヒントが詰まっているので、ぜひ楽しんでください。

▶ ポジティブ心理学の登場

　ポジティブ心理学は、人々が幸せで充実した生活を送るために

必要な要素を研究する心理学の1分野です。1990年代後半に、アメリカ心理学会（APA）の会長であったマーティン・セリグマン教授によって創設されました。この分野は、**人間の強みや幸福感に焦点を当てる**もので、病気や障害の治療に主眼を置く従来の心理学とは異なるアプローチを取るものでした。

　心理学は20世紀の初頭から半ばにかけて急速に発展しましたが、その主な焦点は精神疾患の治療と予防にありました。
　一方で、精神疾患などを抱えていない健康な人々が、どうすればより幸せで充実した生活を送れるかについての研究は、心理学の分野ではほとんど行われていませんでした。

　しかし、第二次世界大戦後、心理学の焦点は徐々に広がり始めます。アブラハム・マズローの人間性心理学や、カール・ロジャーズのクライエント中心療法など、人間の成長や自己実現を重視するアプローチが登場しました。これらのアプローチは、人間が持つ潜在能力や強みに焦点を当てる新しいものでした。

　「ポジティブ心理学の父」といわれるセリグマン教授は、こうした時代背景の中で研究を進めました。彼の研究では、心理学が単に病気や障害を治療するだけでなく、人々がよりよい人生を送るための手段となることを目指しています。1998年当時、アメリカ心理学会の会長に就任したセリグマン教授は、自らの研究テーマを「ポジティブ心理学」と名づけ、新しい研究分野として確立することに尽力しました。

▶ 人も動物も「無力感」を学習してしまう

　セリグマン教授の初期の研究の1つに、「学習性無力感」に関

するものがあります。学習性無力感とは、動物が自力では解決できないストレスに何度も直面することで無力感を「学習」してしまい、あきらめて回避行動を取らなくなる現象を指します。この研究は、人間のうつ病や無力感への理解を深めるために行われたものでした。

　有名な実験の1つを紹介します。この実験では、犬を3つの異なるグループに分けて、電気ショックを与えます。ちょっと残酷ですが、電気ショックは犬の体に害が残らない微弱なものです。3つのグループは、次のように分けられました。

---

① 逃避学習グループ：特定の行動（決まった位置に移動するなど）を取れば、電気ショックを避けることができる。
② 制御不能ショックグループ：どんな行動を取っても、電気ショックを避けることができない。
③ 対照グループ：電気ショックをまったく受けない。

　逃避学習グループ（①）の犬たちは、電気ショックが始まる前に警告音が鳴り、その後にショックが与えられるというプロセスを経験しました。犬がショックを避けるために正しい行動を取ると、電気ショックを避けることができます。
　実験が始まると、犬は電気ショックを避ける方法を知らないため、ショックを甘んじて受けざるを得ません。しかし、電気ショックから逃れようともがいているうちに、たまたま"正しい"行動を取ってショックを避けることができると、そこから因果関係を学習します。そして、自ら正しい行動を取ってショックを避けることができるようになります。

一方、制御不能ショックグループ（②）の犬は、どんな行動を取っても警告音の後の電気ショックを避けることができません。これにより、犬はショックを避ける手段がないことを学び、無力感を経験するようになります。

また、対照グループ（③）の犬は、実験中にまったく電気ショックを受けません。このグループは、単に他のグループとの比較のために設定されました。

▶ 学習してしまった無力感の大きな影響

実験の結果は驚くべきものでした。何度かの電気ショックを経験した後、逃避学習グループ（①）の犬は、警告音が鳴るとすぐにショックを避けるための行動を取るようになりました。一方、制御不能ショックグループ（②）の犬は、次第にショックに対して無反応になり、電気ショックを避けようとしなくなったのです。

制御不能ショックグループ（②）の犬が示した無反応は、学習性無力感を示すものだと解釈できます。これらの犬は、ショックを避ける手段がないことを学ぶことで無力感に支配され、ストレスから脱するための努力をまったくしなくなったのです。

実験後、制御不能ショックグループ（②）の犬たちは、逃避学習グループ（①）と同じ実験装置に移されました。つまり、特定の行動を取れば電気ショックを回避できる装置に移されたのです。しかし、②の犬たちはその後も無力であり続け、電気ショックに対して回避行動を取ることをしませんでした。ひとたび無力感を学習してしまうと、自らの努力によってストレスを回避できる環境に移されても無気力なままだったのです。

こうした実験を通じて、セリグマン教授は学習性無力感の理論

を提唱しました。この理論によると、動物や人間が==繰り返し制御不能なストレスを経験すると無力感を学び、やがて行動や心理状態に悪影響を与える==というのです。

▶ 楽観的な人と悲観的な人は、何が違うのか？

　セリグマン教授は、学習性無力感などの研究を通じて、うつ病や不安障害などの精神疾患への理解を深めていきました。不思議なことに、同じような悲劇を体験しても、うつ病になる人とならない人がいます。この違いは、どこから来るのでしょうか？　この疑問に対する回答として、彼は「説明スタイル」という概念を提唱しました。

　説明スタイルは、人が出来事の原因をどう考えるかの癖を表しています。人は誰しも、日常で起きるいろいろな出来事に対して、無意識のうちに「説明」をつけています。例えば、試験で不合格になったとき、「勉強が足りなかったからだ」と思う人もいれば、「問題が難しすぎた」と思う人もいるでしょう。こうした心の中の「説明」は、人によって千差万別です。要するに、==起きたことが同じでも、どう感じるかは人による==ということです。

　セリグマン教授の研究によると、世の中にはポジティブな説明スタイルを持つ人と、ネガティブな説明スタイルを持つ人がいます。そして、ポジティブな説明スタイルを持つ人は、ストレスに強いことがわかっています。セリグマン教授は学習性無力感の研究を通じて、前向きな思考が心の健康にどう影響するかに関心を持つようになりました。つらい体験からくる無力感を克服するためには、人々が==自分自身の経験をどのように解釈するか==、すなわち「説明スタイル」が重要であると考えたのです。

▶ 経験したことをどう説明しているか

セリグマン教授の研究によると、人が何かを経験したときに、心の中でその出来事の原因をどう説明するかについては、1人1人に一貫したパターンがあります。このパターンが「説明スタイル」です。つまり、みなさん自身にも、自分の説明スタイルがあるはずです。そして教授は、人々が物事に対して<mark>楽観的か悲観的かは、この説明スタイルによって決まる</mark>のだと考えました。

それでは、みなさんの心の中の説明スタイルを覗き見るために、次のクイズに答えてみてください。Q1～3はそれぞれ、日常の出来事に対して、AとBの説明がつけられています。みなさんにとっては、AとBのどちらがしっくりくるでしょうか?

> Q1　友人はみんな風邪をひいたのに、自分だけはひかなかった。
> A　最近は体調がいい。
> B　私は丈夫だ。
>
> Q2　私は期限を過ぎても本を返さなかったので、図書館に延滞料金を支払った。
> A　別のことに夢中になっていて、返すのを忘れた。
> B　作品に夢中になると、期限を忘れることが多い。
>
> Q3　家庭菜園の野菜が育たなかった。
> A　天気に恵まれなかった。
> B　自分は動植物を育てるのに向いていない。

Q1～3のクイズに答えたら、この先を読み進めてください。

第4章　心の持ち方・人間関係

説明スタイルの考え方を紹介した後、クイズについて解説します。

▶「説明スタイル」の３つの次元と２つのパターン

セリグマン教授は、説明スタイルを「永続性」「普遍性」「個人度」の３つの次元に分類しました。３つの次元のそれぞれには、２パターンの説明のスタイルがあります。

次元	パターン
永続性	・永続的：いつも起きると思う。 ・一時的：一時的なものだと思う。
普遍性	・普遍的：常に当てはまると思う。 ・特　定：特定の状況に限られると思う。
個人度	・内　的：自分に原因があると思う。 ・外　的：他人や環境に原因があると思う。

ポジティブな説明スタイルを持つ人は、「成功」を永続的（例　今後も成功する）、普遍的（例　私はよくできる）、内的（例　自分のおかげ）、な要因に帰す傾向があります。

また、「失敗」を一時的（例　今回は失敗だが次は成功する）、特定（例　特定の原因がある）、外的（例　他人・環境のせい）、な要因に帰する傾向もあります。

一方、ネガティブな説明スタイルを持つ人は、「失敗」を永続的（例　また失敗する）、普遍的（例　私はダメだ）、内的（例　自分のせいだ）、な要因に帰し、「成功」を一時的（例　次は失敗するかも）、特定（例　運よく〇〇だった）、外的（例　たまたま〇〇に恵まれた）、な要因に帰する傾向があります。

まとめると、次の図表３６のようになります。

ポジティブな説明スタイルの人

	良い出来事に対する説明	悪い出来事に対する説明
永続性	永続的	一時的
普遍性	普遍的	特定
個人度	内的	外的

ネガティブな説明スタイルの人

	良い出来事に対する説明	悪い出来事に対する説明
永続性	一時的	永続的
普遍性	特定	普遍的
個人度	外的	内的

図表36　説明スタイル

　例えば、自分の仕事ぶりを上司に褒められたとき、楽観的な人は心の中で「ようやくオレの実力に気づいたか」（内的、普遍的）といった説明をつけます。一方、悲観的な人は「今日は上司の機嫌がいいな」（外的、一時的）などの説明を心の内でつけるのです。

▶ 自分はどっちの傾向が強い？

　こうした基本を踏まえて、先ほどのクイズに戻りましょう。AとBのどちらを選んだかによって、回答者の説明スタイルがポジティブかネガティブかの傾向がわかります。

> Q1　友人はみんな風邪をひいたのに、自分だけはひかなかった。
> A　最近は体調がいい。　← 一時的（ネガティブ）

B　私は丈夫だ。　← **永続的**（ポジティブ）

Q2　私は期限を過ぎても本を返さなかったので、図書館に延滞料金を支払った。

A　別のことに夢中になっていて、返すのを忘れた。　← **特定**（ポジティブ）

B　作品に夢中になると、期限を忘れることが多い。　← **普遍的**（ネガティブ）

Q3　家庭菜園の野菜が育たなかった。

A　天気に恵まれなかった。　← **外的**（ポジティブ）

B　自分は動植物を育てるのに向いていない。　← **内的**（ネガティブ）

　みなさんは、どちらのタイプでしたか？　ちなみに、上記のクイズは、説明スタイルの考え方を基に著者が独自に作成しました。セリグマン教授が開発した「楽観度を測るための質問リスト」はもっと項目が多く、複雑なテストです。今回は説明スタイルを理解するために作った簡易テストなので、結果はあまり気にしなくても大丈夫です。

　日本人の感性からすれば、悲観的な説明スタイルの人の方が、謙虚で好ましいと感じられるかもしれません。反対に、楽観的な説明スタイルの人は、自意識過剰で尊大に見えることもあるかもしれません。

　しかし、「説明スタイル」は、あくまで<mark>自分の心の中でどう説明をつけるか</mark>というものです。口では「たまたまですよ（一時的）」や、「みなさんのおかげです（外的）」といいつつも、心の

中では「オレの才能をついに認めたか（内的、普遍的）」と思っていてもいいわけです。

▶ 楽観度が仕事のパフォーマンスに影響する

同じ出来事を経験しても、説明スタイルの違いによって捉え方は異なります。いくつか例を紹介します。

【仕事のプロジェクトが失敗した】
楽観的：「今回は〇〇でミスしたから、そこを改善して次に生かそう」（特定、一時的）
悲観的：「自分にはプロジェクト推進役は向いていない」（普遍的、永続的）

【友人が誕生日を忘れた】
楽観的：「たまたま忙しかったのだろう」（特定、一時的）
悲観的：「自分は友人にとって重要じゃない」（普遍的、永続的）

【趣味で描いた作品が批判された】
楽観的：「あいつはわかっていない」（外的、特定）
悲観的：「自分には才能がない」（内的、普遍的）

セリグマン教授は人の楽観度を測定するためのテストを開発して、楽観度が仕事や人生にどのような影響をおよぼすかを研究しました。次は、生命保険会社の社員を対象とした有名な調査の概要です。

セリグマン教授は、メトロポリタン生命（現　MetLife）の新人営業マン104名に「楽観度テスト」を受けさせました。教授がま

ず驚いたのは、彼らのテストの成績が、全国平均をはるかに上回っていたことです。つまり、平均的なアメリカ人よりもはるかに楽観的だったわけです。また、彼らは車の販売員、証券ディーラー、米大統領候補、大リーグ選手と比べても、より高得点でした。

　生命保険の販売員には精神的なタフさが不可欠なので、その職業を選ぼうと思う人たちは、そもそもかなり楽観的だということでしょう。

　おもしろいのはここからです。入社時に楽観度テストを受けた104名は、入社1年後に、それぞれが獲得した契約件数を調査されました。その結果、入社時の楽観度テストで上位半分の成績だった社員は、下位半分だった社員よりも契約件数が20％多かったのです。さらに、上位1/4にいた社員は、下位1/4の社員よりも50％も契約件数が多かったことがわかりました。

　この結果を、セリグマン教授は次のように分析しています。

　生命保険の販売員は、日中ずっと営業の電話をかけ続けますが、ほとんどは断られてしまいます。すぐにガチャ切りをされたり、「アホ」などと悪態をつかれることも珍しくありません。こうして失敗を経験すると、誰しも必ず無力感に襲われ、次の電話をかけるまで時間が空いてしまいます。一時的ではあれど、学習性無力に近い状態に陥ってしまうのです。その点については、楽観的な人も悲観的な人も同じです。

　けれど、楽観的な人は悲観的な人に比べて立ち直りが早いので、失敗してもすぐに次の電話をかけます。その結果、悲観的な人よりも多くの電話をかけることになります。保険商品にニーズを持っている人は必ずいるので、あきらめずにかけ続けることが成功への近道です。単純に、より多くの電話をかけることで、成約の数も増えていくのです。

断られたときに、「自分は営業に向いてない（普遍的）」と悲観的に考えるのか、「たまたまニーズがない人に電話をかけてしまった。次の人にかけよう（一時的）」と楽観的に考えるのかの違いが、長い目で見れば営業成績に表れてくるということです。

　こうした説明スタイルの違いは、**挫折を乗り越える姿勢**にも表れてきます。下の例は、セリグマン教授の著書で紹介されている「ノーラとケビンの事例」です。
　ノーラとケビンは2人とも同じ会社の同じ部署に勤めていたのですが、同時に解雇されてしまいました。同じタイミングで解雇された2人ですが、説明スタイルの違いによって、その後の歩みはまったく違うものになりました。

> ノーラとケビンの事例
> 　ある大手の小売企業で、経理部の半数が解雇された。そのうち、ノーラとケビンの2人はうつ状態になり、何カ月も新しい職を見つける気になれなかった。しかしノーラは、仕事以外の生活では普段通りに過ごしていた。人付き合いは絶やさなかったし、週3回の体操の習慣も続けていた。反対に、ケビンは打ちのめされたままだった。妻や子どもをかまってやらず、口もきかなかった。人に会うのが耐えられないといって、パーティーにも行かなくなった。さらには、習慣だったジョギングもやめてしまった。

　このように、人生のある面がうまくいっていなくても、それを箱にしまい込むことで普段通りに生きていける人がいる一方で、すべてに傷つき破綻する人もいます。この違いは、説明スタイル

第4章　心の持ち方・人間関係

からきているというのがセリグマン教授の考えです。

　自分の失敗に普遍的な説明をつける人は、ある１つの分野で挫折すると、自分はダメだと思ってすべてをあきらめてしまいます。一方で、失敗をたまたまだと考えたり、ある特定の原因に帰する人は、人生のある分野では無力になるかもしれませんが、他の分野ではしっかりと歩み続けます。

　教授がノーラとケビンに楽観度テストを受けさせたところ、２人とも永続性の面では悲観度が高いことがわかりました。そのためか、解雇後には２人とも長い間うつ状態に悩まされました。

　しかし、２人は普遍性の面では反対の得点をしたのです。ケビンは、解雇されたことがきっかけとなって、「自分は何をやってもうまくいかないダメ人間だ」と考えるようになりました。一方、ノーラは「悪い出来事には特定の理由がある」と考える傾向がありました。解雇されたとき、自分は経理の才能がないだけだと思ったそうです。

　その後、２人には、元の会社から臨時の再雇用の知らせが届きました。このときノーラが「やっと私なしではやっていけないことがわかったのね」といったのに対し、同じ通知を受けたケビンは、「よっぽど人手不足なんだな」とつぶやきました。

　このように、まったく同じこと（同じタイミングでの解雇と再雇用）を経験したにも関わらず、==説明スタイルの違いによって受け止め方に差が生まれ、それが困難を乗り切る力の差に繋がっていった==のです。

▶ 自分の説明スタイルを変えていくには？

　さて、自分の説明スタイルはどうなのかが気になってきたので

はないでしょうか。自分の説明スタイルを確認する方法の１つに、認知行動療法の先駆者であるアルバート・エリスが開発した「ＡＢＣ方式」があります。ＡＢＣ方式は、私たちが出来事にどう反応し、その反応をどう変えられるかを理解するためのツールです。ＡＢＣ方法は３つのステップで構成されています。

A （Activating Event, きっかけとなる出来事）
何が起こったのか？

B （Belief, 信念）
その出来事についてどう感じ、どう考えたのか？

C （Consequence, 結果）
その感じ方や考え方の結果として、どう行動し、どう感じたのか？

　エリスは、私たちが感じるストレスやネガティブな感情の原因は、Ａの「出来事」そのものではなく、Ｂの「信念」にあると考えました。信念とは、セリグマン教授の「説明スタイル」に相当するものです。ＢがＣの結果、つまり私たちの感情や行動に直接影響を与えるのです。では、「夫婦げんか」を例に、各ステップを見ていきましょう。この例はセリグマン教授の著書から引用しています。まずは、Ａ・Ｂ・Ｃを整理します。

【A （Activating Event, きっかけとなる出来事）】
　日常生活で起こるさまざまな出来事。ここでは「配偶者とけんかする」という状況です。

【B （Belief, 信念）】
　その出来事に対して、どう感じ、どう考えたか。例えば、けん

かをしたときに「私は何をやってもダメだ」と考える人もいれば、「相手の機嫌が悪かっただけだ」と考える人もいます。

【C（Consequence, 結果）】

　信念（B）に基づいて、どう行動したか。「私は何をやってもダメだ」（永続的、普遍的、内的）と感じた場合、落ち込んで、仲直りをしようという気持ちがわかないかもしれません。

　一方で、「相手の機嫌が悪かっただけだ」と捉えた場合、時間がたてば気持ちが落ち着き、仲直りをしようと行動を起こすかもしれません。つまり、同じ出来事に直面しても、私たちの信念（説明スタイル）が行動を大きく変えます。

　次に、ＡＢＣ方式を使ってストレスやネガティブな感情に対処する手順を紹介します。

　ＡＢＣ方式の手順
1　出来事（A）を書き出す
　　ストレスやネガティブな感情を感じた具体的な出来事を書き出します。ここでは出来事を客観的に記録することが重要です。
2　信念（B）を明らかにする
　　その出来事に対して自分がどう感じ、どう考えたかを書き出します。このステップでは、自分の考え方や感じ方を正直に書き出すことが重要です。
3　結果（C）を評価する
　　その信念に基づいて、どのように行動したかを書き出します。
4　信念（B）に反論（Dispute）する

信念の妥当性を検証します。次のような質問を自分に投げかけ、**自分自身**に「**反論**」します。

・その信念を裏づける証拠はあるか？
・その信念に代わる考え方はないか？
・その信念は自分の役に立つか？

5 **新しい信念を形成する**

信念を検証した後、より前向きな新しい信念を形成します。

　例えば、「友人が約束を守ってくれなかった」という出来事Aがあったとしましょう。それに対して自分は、「友人は私を大切に思っていない」という信念Bを持っているとします。この信念Bを検証してみましょう。

・証拠はあるか？→ 友人はいつも親切に接してくれているので、私を大切に思っていないという証拠はない。
・別の考え方はできるか？→ 友人は忙しくて、うっかり忘れてしまっただけかもしれない。
・自分の役に立つか？→ 友人を疑っても、自分は何も得をしない。

　検証によって、「友だちはたまたま忙しくて約束を忘れただけ。次回は守ってくれるだろう」という新しい信念を形成します。新しい信念を形成することで、結果（C）も変わります。

　このように、「説明スタイル」によって人の心をモデル化して考えると、==物事を楽観的・悲観的に捉える心のしくみ==がわかってきます。起きたことをどう解釈し、どう行動するかは、自分次第ということですね。

第4章 心の持ち方・人間関係

「説明スタイル」からわかる人生のヒント

☑ 心の声が未来を決める：

日々の出来事に対する心の説明が、感情や行動、そして人生を左右する。同じ失敗を経験しても、自分自身の心がどう捉えるかによって、その後の歩みが大きく変わる。

☑ 楽観的な心が前進を助ける：

楽観的な説明スタイルの人は困難からの立ち直りが早く、すぐに次の挑戦に踏み出せる。この姿勢が、挫折を乗り越える力を生み出す。

☑ 思考の癖は変えられる：

ネガティブな説明スタイルは、自分自身に反論するという訓練で変えていくことができる。

コラム 04

フロネシスとエピステーメ

　私の解釈では、物理学はエピステーメ（Episteme）であり、金融はフロネシス（Phronesis）です。エピステーメやフロネシスは、古代ギリシアの哲学者アリストテレスの『ニコマコス倫理学』に出てくる言葉で、"知"を体系的に分類するための用語です。

　エピステーメは、普遍的で絶対的な知識を追求する学問であり、物理学における法則や理論がこれに該当します。物理学の法則は、厳密で普遍的なものであり、実験や観測によって繰り返し検証されます。例えば、素粒子物理学の法則はすべてが数式で表され、数式の予想と実際の観測結果は、小数点以下十数桁という精度で一致します。

　一方、フロネシスは実践的な知恵や判断力を意味し、具体的な状況に応じて柔軟に対応する力を必要とする分野です。金融は、まさにこのフロネシスの世界に属しており、私自身は実はフロネシスの方に強く関心があったことに気づきました。

　金融市場は非常に複雑で、その動向を完全に予測することは不可能です。というのも、市場の変動は多くの要因が絡み合っていて、そのすべてを把握することができないからです。

このため、金融の世界では確率論や統計学が重要な役割を果たします。

このように、同じ数学を使う場合でも、それが厳密に当てはまる場合（エピステーメ的なもの）と、統計的には当てはまる場合（フロネシス的なもの）があります。

エピステーメの世界では、結果は常に一貫しており予測可能です。しかし、フロネシスの世界は確率的な性質を持つため、結果は不確定であり、予測には常に不確実性が伴います。

後者において、真実は神のみぞ知るものです。だからこそ、世界中の金融機関、ヘッジファンド、個人投資家が自らの判断や工夫を凝らす余地が存在します。この不確実性があるからこそ、金融の世界は挑戦的であり、創造的な思考が求められるのです。

こうして、数学におけるエピステーメとフロネシスの両方の世界を体験したのは、私にとって貴重な財産でした。裏を返せば、数学は、その両方にまたがる普遍性を持つスーパー学問だということです。

おわりに

　ここまで本書を読んでいただき、ありがとうございました。数理モデルの世界に飛び込んで、どんな発見がありましたでしょうか？　数理モデルの魅力や実用性を感じ取っていただけたなら、著者としてこれ以上の喜びはありません。

　数理モデルの魅力は、その汎用性と応用範囲の広さにあります。本書で紹介したもの以外にも、実にさまざまな数理モデルが世の中で活躍しています。例えば、「レジの会計待ち」「交通渋滞」「コールセンターに電話したときに待たされる時間」などの"待ち"に関する研究には、「待ち行列」と呼ばれる数理モデルが利用されています。他にも、感染症の広がりは「SIRモデル」、地震の発生頻度は「グーテンベルグ・リヒターの関係式」、企業の財務分析には「マートンモデル」のように、名前はそれぞれ違いますが、現象をよりよく理解するために数理モデルが使われているのです。

　数理モデルは、現実をシンプルに表し、本質を捉えるための強力なツールです。現実世界は無数の要素が絡み合い、非常に複雑ですが、数理モデルを使うことで、そのなかから重要な部分を抜き出し、わかりやすくすることができます。これにより私たちは、データや数学に基づいた、より合理的な意思決定ができるようになります。

　ビジネスの世界でも、数理モデルは非常に重視されています。市場分析、リスク管理、マーケティングなど、さまざまな分野で数理モデルが活用されています。数理モデルを使うことで、デー

タに基づいた戦略的な意思決定が可能となり、ビジネスの成功に大きく貢献します。私自身の経験からも、数理モデルの力は疑いようがありません。

私が数学の威力を初めてまざまざと感じたのは、大学で物理学を学んだときでした。18世紀の科学者ニュートンは、かつて神が支配していると考えられていた天体の運行を、万有引力の法則に基づく数学的な計算によって全て説明してしまいました。これによって当時の世界観がひっくり返ったことは、世界中で知られている史実です。物事をシンプルに説明する数学の力は、しばしば世の中に大きなインパクトを与えます。

大学院に進むと、自然界のあらゆる基本粒子とその相互作用を数学的に説明する「標準模型」について学びました。このモデルを学ぶことで、私は自然界の基本的な法則がどれほど美しく一貫しているかを理解しました。同時に、数学が持つ計り知れない力を痛感しました。

その後、金融業界に進んだ私は、市場の動向を予測するためのモデル、リスクを管理するためのモデル、投資の最適化を図るためのモデルなど、多くの数理モデルに触れる機会を得ました。また、自分自身でこうした数理モデルを開発して資産運用に活用することも行いました。これらの経験を通じて、数理モデルがいかに強力であり、どのように私たちの意思決定を助けるかを学びました。もちろん、今も学びの途中であり、この旅はまだまだ続きます。

数理モデルの世界は広大で、まだまだ探求するべき領域がたく

さんあります。この本が、みなさんの数理モデルへの探求心を刺激し、さらなる学びへの第1歩となることを願っています。

　最後になりますが、本書の執筆にあたりサポートをいただいた方々に、この場を借りてお礼を申し上げたいと思います。株式会社アルク書籍編集部の佐野郁世さんには、本書の構成から各章の細部に至るまで、大変細やかで丁寧なアドバイスをいただきました。加えて、本書の執筆にあたっては、佐野さんのプロジェクトマネジメント力に大いに助けられた面があります。というのも、私の原稿の進捗状況を佐野さんがエクセルで厳密に管理してくださったことがいい意味でプレッシャーとなり、当初の予定よりも早く原稿を書き上げることができたからです。

　また、アップルシード・エージェンシーの加藤果歩さんには、原稿に関する率直で前向きな意見を多々いただきました。そのおかげで、わかりづらい部分を特定して表現を修正したり加筆したりすることができました。そして同社の鬼塚代表には、常にあたたかく見守っていただきました。

　私が原稿を執筆する間、子どもの面倒をみてくれたことに加え、睡眠時間を削らないよう私に注意するなど健康を気遣ってくれた妻にも感謝します。そして何よりも、本書を手に取ってくださった読者のみなさんに心より感謝します。本当にありがとうございました。

2024年12月　東京都某所

冨島 佑允

冨島佑允（とみしま・ゆうすけ）

クオンツ、データサイエンティスト
多摩大学大学院客員教授（専攻　ファイナンス＆ガバナンス）

1982年福岡県生まれ。京都大学理学部卒業、東京大学大学院
理学系研究科修了（素粒子物理学専攻）。MBA in Finance（一橋
大学大学院）、CFA協会認定証券アナリスト。大学院時代は欧
州原子核研究機構（CERN）で研究員として世界最大の素粒子
実験プロジェクトに参加。修了後はメガバンクでクオンツ（金
融に関する数理分析の専門職）として各種デリバティブや日本
国債・日本株の運用を担当、ニューヨークのヘッジファンド
を経て、2016年より保険会社の運用部門に勤務。2023年より
多摩大学大学院客員教授。著書に『日常にひそむ うつくしい
数学』『東大・京大生が基礎として学ぶ世界を変えたすごい数
式』（ともに朝日新聞出版）、『数学独習法』（講談社現代新書）、『物
理学の野望──「万物の理論」を探し求めて』（光文社新書）、な
どがある。

著者エージェント
アップルシード・エージェンシー

人生の選択を外さない
数理モデル思考のススメ

発行日	2025年1月21日（初版）

著者	冨島佑允
編集	株式会社アルク出版編集部
デザイン	藤塚尚子（etokumi）
イラスト	matsu（マツモト ナオコ）
図表	神林美生
DTP	朝日メディアインターナショナル株式会社
印刷・製本	萩原印刷株式会社
発行者	天野智之
発行所	株式会社アルク
	〒141-0001
	東京都品川区北品川6-7-29 ガーデンシティ品川御殿山
	Website　https://www.alc.co.jp/

- 落丁本、乱丁本は弊社にてお取り替えいたしております。
  Webお問い合わせフォームにてご連絡ください。
  https://www.alc.co.jp/inquiry/
- 本書の全部または一部の無断転載を禁じます。
  著作権法上で認められた場合を除いて、
  本書からのコピーを禁じます。
- 定価はカバーに表示してあります。
- 製品サポート　https://www.alc.co.jp/usersupport/

©2025 Yusuke Tomishima / matsu / ALC PRESS INC.
Printed in Japan.
PC：7025002　ISBN：978-4-7574-4092-0

地球人ネットワークを創る

アルクのシンボル
「地球人マーク」です。